선생님이 들려주는

중국 속
우리 역사
이야기

선생님이 들려주는 중국 속 우리 역사 이야기

초판 1쇄 발행   2024년 3월 20일

지은이   김현진·송민영·이은채
펴낸이   김선기

펴낸곳   (주)푸른길
출판등록   1996년 4월 12일 제16-1292호
주소   (03877) 서울시 구로구 디지털로 33길 48
         대륭포스트타워 7차 1008호
전화   02-523-2907, 6942-9570~2
팩스   02-523-2951
이메일   purungilbook@naver.com
홈페이지   www.purungil.co.kr

© 김현진·송민영·이은채, 2024
ISBN   978-89-6291-093-3 (43910)

초등역사교육연구회
자기주도성역사자료

선생님이 들려주는 중국 속 우리 역사 이야기

김현진·송민영·이은채

푸른길

차례

역사 학습에 이 책이 이바지하길 바라며…

저는 직업상 사회 수업을 매개로 초등학생들을 만날 기회가 많습니다. 사회과교육 전공자인 저로서는 아이들이 사회 수업을 흥미로워하고, 스스로 넓이와 깊이를 더해 가며, '나'와 '우리'의 삶과 그 속에서 만들어지는 '관계'에 관심을 더해 가길 바라고 있습니다. 하지만 아이들은 사회 수업을 그리 좋아하는 것 같지는 않습니다. 많은 학생이 '사회' 하면 숙제가 많은 수업, 어려운 낱말을 외워야 하는 수업, 선생님의 설명을 수동적으로 들어야 하는 수업, 그래서 싫은 수업으로 낙인찍습니다. 특히, 초등 사회과 내 반만년 역사를 연대기로 공부해야 하는 역사수업에서 이러한 문제 상황은 더욱 심해집니다.

그런데 이상한 일이지요? 간혹 특정 주제에 대해서는 역사학자에 버금가는 한국사 지식을 뽐내는 초등학생 꼬마 역사학자를 보곤 합니다. 이순신과의 사랑에 빠진 이 꼬마 역사학자는 이순신의 출생과 성장, 전투, 사망 등에 이르는 계보는 물론 임진왜란의 전개과정, 세계 해군사에서 이순신의 의미 등, 듣고 있는 이가 귀찮을 정도로 자신의 사랑의 넓이와 깊이를 드러냅니다. 물론 이 꼬마 역사학자의 문제점은 이순신에게만 그 사랑이 차고 넘친다는 점이지요. 이순신에게만 빠져 있는 이 꼬마 역사학자, 문제가 많은 건가요? 사회 공부 제대로 하는 건가요?

저의 편견입니다. 초등학생들이 사회 공부를 통해 수많은 사실적 지식을 얻어 각종 퀴즈대회에서 1등을 하는 것보다, 제한된 주제라도 자신이 흥미 있어 하는 주제를 스스로 공부하고, 그 과정에서 배운 힘으로 혼자가 아닌 친구들과 함께 다양한 영역으로 관심을 넓혔으면 합니다. 전술한 이순신과 사랑에 빠진 꼬마 역사학자의 관심이 한반도와 동북아의 전쟁사, 동북아 국제정치와 외교사에 관한 관심으로 확장되었으면 합니다. 그래서 이 꼬마 역사학자가 고등학교를 거쳐 대학이나 사회에 나가서는, 완벽하지는 않더라도 이순신을 매개로 한국사, 우리 민족에 대한 자신의 관점을 이야기할 수 있기를 기대합니다.

이러한 기대를 품고 있는 저에게, 그 기대를 구현할 또 하나의 실천적 대안을 보게 되었습니다. 초등학생들의 역사수업에서 자기 주도성을 높여 줄 이야기 자료인『선생님이 들려주는 중국 속 우리 역사 이야기』입니다. 우리나라와 역사, 문화, 지리적으로 불가분의 관계였던 중국에는 우리와 관계 있는 장소가 많습니다. 이 책은 그 흔적들과 그 속에 담긴 우리의 이야기를 소개하고 있습니다. 특히, 이 책이 초등학생들의 흥미와 수준을 잘 이해하고 대안적 초등 역사수업을 꿈꾸는 '초등역사교육연구회' 교사들의 결실이라는 점도 저의 관심을 끕니다.

현장 교사와 학생들의 좋은 사회과 역사수업에 이 책이 이바지하길 바랍니다. 그 기여에 힘입어 또 다른 주제의 초등학생용 역사서의 출간도 기대해 봅니다. 아이들이 '사람'을, 그 사람이 만든 '사회'를 따뜻이 이해하고 사랑하는 그날도 기대해 봅니다.

이동원・경인교육대학교 사회교육과 교수

우리 민족의 역사적 장소를 찾아보고
그 속에서 우리의 민족정신을 느껴 볼 수 있기를…

우리 땅에서 멀리 떨어진 중국, 어느 곳…. 우리의 역사가 담겨 있는 장소들을 살펴보고 우리의 민족정신을 생각해 보기를 바라면서 이 글을 씁니다.

우리나라의 독립운동가 단재 신채호 선생님은 "역사를 잊은 민족에게 미래는 없다."라는 말씀을 하시면서 역사의 중요성을 강조하셨습니다. 또, 영국의 유명한 역사학자 에드워드 카는 『역사란 무엇인가』에서 "역사란 현재와 과거의 끊임없는 대화"라고 이야기하였습니다. 학교의 수업 시간 그리고 책을 읽는 활동을 통해 우리는 역사를 배우며 역사적 교훈을 얻습니다. 역사적으로 잘못된 부분을 반복하면 안 되겠다는 생각도 하지만, 세상에 일어나는 일들을 보면서 역사적 사실들과 비교하게도 됩니다. 그러면서 인류가 평화적으로 살기 위해서는 어떻게 해야 할까, 라는 생각도 하게 됩니다.

큰 땅과 많은 인구를 가진 중국은 우리나라와 가까이 있으며 오랫동안 역사·문화적으로도 서로 영향을 주고받은 나라입니다. 그래서인지 중국 곳곳에는 우리 역사와 관련된 장소들이 많이 있습니다. 고구려 장수들이 용맹스럽게 말을 타고 누볐던 장소부터 시작해서 청나라 황제를 만나기 위해 조선의 사신들이 방문했던 장소, 그리고 일제강점기에 우리 동포들이 머물렀던 곳, 일본군과 싸우며 우리나라의 독립을 위해 노력했던 여러 장소까지….

　　이 책에는 중국에 있는 우리 조상들의 흔적을 찾아다니면서 선생님들이 직접 기록한 내용이 담겨 있습니다. 우리 조상들은 왜 이곳까지 왔을까? 여기까지 와서는 어떤 일을 겪었을까? 그때 어떤 생각이 들었을까? 여러 상상을 하게 됩니다. 그곳에는 역사적 사실들과 함께 우리 민족의 정신을 지키려는 우리 조상들의 여러 흔적이 함께 남겨져 있었습니다.

　　선생님들이 중국 곳곳의 흔적을 찾아다녔던 것처럼 여러분들도 이 책을 통해 중국에서 우리 민족의 역사적 장소를 찾아보고 그 속에서 우리의 민족정신을 느껴 볼 수 있기를 바랍니다.

지은이 일동

선생님이 들려주는
중국 속 우리 역사 이야기

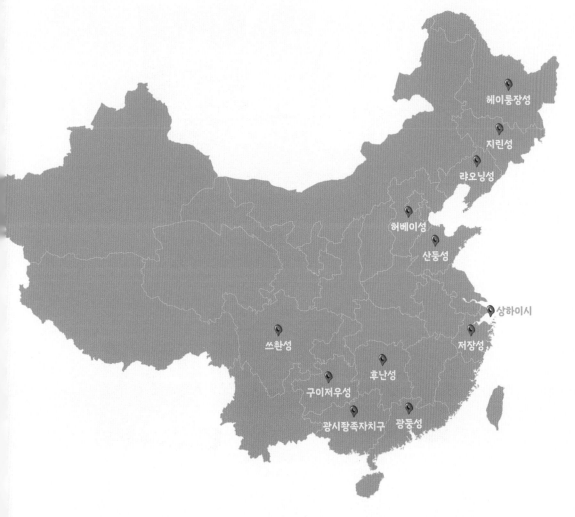

헤이룽장성

지린성

랴오닝성

허베이성

산둥성

상하이시

쓰촨성

저장성

후난성

구이저우성

광시좡족자치구   광둥성

선생님이 들려주는
중국 속 우리 역사 이야기

중국 속 우리 역사 이야기

랴오닝성

고구려 비사성

중국에는 우리나라의 '도'와 비슷한 '성'이라는 행정구역이 있어요. 그들 가운데 중국의 동북부에 있는 3개 성(헤이룽장성, 지린성, 랴오닝성)은 고구려와 발해가 자리하고 있던 우리나라의 땅이었어요. 그래서 과거 우리 역사의 흔적이 많이 남아 있어요. 하지만 중국은 다민족 국가임을 내세워 1980년대부터 동북공정을 추진하며 우리나라 고대사 전체를 중국사에 편입시키고 있답니다.

동북공정(東北工程)이란 현재의 중국 국경 안에서 전개된 모든 역사를 중국의 역사로 만들기 위해 2002년부터 중국이 추진하고 있는 국가적 연구 사업이에요. 그중 가장 대표적인 것이 만리장성의 길이를 고구려 발해 땅까지 늘린 거예요. 만리장성 축조는 천하를 통일한 진시황(秦始皇)이 진나라, 조나라, 연나라의 장성을 하나로 연결한 대대적인 토목

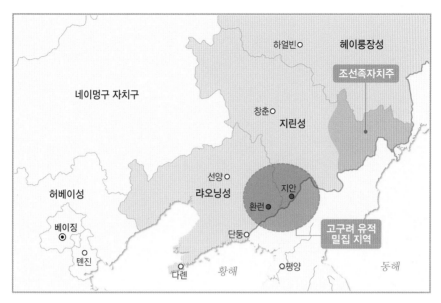

사업이었어요.

　하지만 현재 남아 있는 만리장성의 대부분은 명나라가 건국된 뒤인 14세기 말부터 건설된 것들이에요. 중국의 서쪽 간수성 자위관에서 시작된 명나라 장성은 허베이성 친황다오시 동북쪽 산하이관에서 바다에 막혀 더는 동쪽으로 연장되지 못했어요.

　그런데 중국은 최근에 만리장성의 동쪽 끝이 산하이관이라던 종전 입장을 번복하기 시작했어요. 자신들이 고구려의 성이라고 인정했던 단둥의 압록강 변에 있는 박작성을 '만리장성 동단'으로 수정하고 표지석을

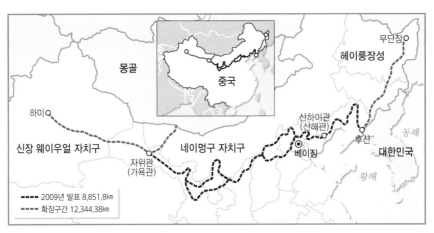

중국이 확장하여 발표한 만리장성

세웠어요. 그러면서 우리의 고구려를 중국의 지방 정권이라고 부르고 있어요. 거기에 더 나아가 헤이룽장성 끝의 무단장이라는 곳까지 만리장성이 이어졌다는 이야기도 한답니다. 그러니 우리는 동북 3성에서 펼쳐졌던 우리의 역사를 더 잘 알아야 해요.

랴오닝성 다롄시는 요동 반도의 끝부분에 자리 잡은 도시예요. 다롄시 진저우에 있는 대흑산 꼭대기에는 그 옛날 요동 땅 대부분을 차지했던 위풍당당하고 용맹스러운 고구려의 흔적 비사성(卑沙城)이 자리하고 있어요. 중국에서는 대흑산에 있는 산성이라는 뜻에서 대흑산산성으로 부르고 있는 곳이에요.

산 아래서 대흑산 정상을 보면 산 정상 쪽에 험한 바위와 낭떠러지가

❶ 절벽으로 둘러싸여 있는 비사성의 모습

❷ 비사성 입구

❸ 비사성의 위치

있어서 천혜의 요새라는 걸 바로 알 수 있어요. 비사성은 고구려 때 축조된 성이지만, 정확한 축조 연대는 알려져 있지 않아요.

비사성은 삼면이 병풍처럼 절벽으로 둘러싸여 있어서 성 함락이 쉽지 않았으며, 오로지 서문을 통해서만 성에 올라갈 수 있었다고 해요. 중국 북송 때 사마광은 그의 역사서 『자치통감』에서 "사면이 절벽이고 오직 서문으로만 오를 수 있다"라고 기술하여 천연 요새였음을 밝히고 있어요. 우리나라의 역사서 『삼국사기』에도 "사면이 절벽으로 둘러싸여 있고, 다만 서문을 통해서만 오를 수 있다"라고 기록되어 있어요. 그만큼 천혜의 요새이자 군사적 요충지였던 거죠.

대흑산 정상에 석회암으로 쌓은 거대한 석성인 비사성은 다롄만과 진저우만이 한눈에 내려다보이는 위치로, 고구려 천리장성의 서쪽에 해당하며 안시성, 백암성 등으로 이어져요. 그래서 고구려가 수·당과 전쟁할 때 적군의 침략을 막는 최전선 산성 역할을 하였어요.

중국 수나라의 역사를 기록한 『수서』에는 서기 614년 고구려 영양왕 25년 수양제의 3차 고구려 침입 시에 비사성을 공격하였다는 기록이 있어요. 그 기록에 따르면, 614년 7월에 수양제가 마지막으로 고구려를 침공했어요. 바다를 건너 수나라 수군이 비사성까지 진격했으나, 고구려군은 하나뿐인 성문을 굳게 닫고 저항하여 수나라군은 단 하나의 성도 빼앗지 못했다고 해요. 이 싸움에서 진 수나라는 결국 건국한 지 40년 만에 멸망하고 말았어요.

대흑산 비사성 꼭대기

  이후 645년 4월에는 당나라가 비사성을 공격하였어요. 4만여 명에 달하는 대규모 수로군이 비사성을 공격한 뒤, 다음 달 초 정예병이 서문을 기습 공격했어요. 이 공격에서 고구려군은 중과부적으로 패하고, 퇴로가 없어 살아남은 8000여 명은 포로가 되었어요. 그러나 당 태종이 이끄는 막강한 당군이 안시성 싸움에서 패하자 모두 철군하고 말았답니다.

  또한 이곳은 발해를 세운 대조영이 세력을 규합한 곳이기 때문에 발해의 역사와도 매우 인연이 깊은 곳이에요. 대조영은 고구려의 유민이면서 발해의 시조로 왕이 되고, 713년에는 고구려의 옛 영토를 회복하여 국호를 발해로 고친 인물이에요.

  비사성이 있던 곳은 지금 관광지로 개발되어 있어요. 중국이 대흑산

주위에 새로 성벽을 쌓았는데, 고증을 하지 않아 고구려의 축성법과는 전혀 다른 성벽이 되어 버렸어요. 그나마 1~2m 높이의 고구려 때 성벽이 일부 남아 있지만, 중국의 동북공정이 진행되고 있어 어떻게 바뀔지는 알 수 없는 상황이에요.

비사성 입구에서 등산로로 한 시간 남짓하여 올라가면 비사성 서문 입구 한쪽에 "대흑산산성"이라는 표지석이 있어요. 원래 이름인 '비사성' 대신 동북공정의 일환으로 '대흑산산성'이라고 바꿔 놓은 것입니다. 하지만 대흑산에는 오래된 성곽의 흔적들이 있답니다.

서문을 지나면 저 멀리 누각이 보여요. 이 누각은 고구려 장군이 수나라, 당나라 군사와 싸울 때 병사들을 지휘하던 장소였다고 해요. 하지만 현재 중국은 이곳을 옥황상제를 모시는 옥황전으로 만들어 버렸어요.

옥황전 입구에는 중국 유적에서 볼 수 있는 대형 용 조각이 새겨져 있어요. 그 옆에는 돌로 만든 당나라 기마와 기병들을 양옆으로 배치해서 고구려 유적지를 당나라 도교 유적지로 바꾸어 버렸어요. 우리 역사의 현장 속에서 대한민국의 학생을 인솔하고 온 교사로서 자랑스러움과 착잡한 마음이 함께 들었어요.

산꼭대기에 자리 잡은 망루처럼 생긴 건물이 바로 '고구려 비사성 점장대'입니다. 점장대 앞으로는 '당왕전도원' '석고사' 등이 자리 잡고 있어요.

중국 수나라와 당나라의 침입을 방어하기 위해 축조된 천리장성의 전

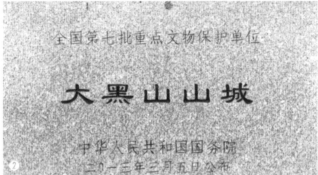

❶ 비사성에서 내려다본 다롄 시내와 서해
❷ 대흑산산성 표지석
❸ 누각

❶ 옥황전 입구
❷ 옥황전 입구의 대형 용 조각
❸ 당나라 기마와 기병

략적 요충지였던 비사성을 방문하여 고구려인의 기상과 흔적을 다시 한

번 되새겨 볼 수 있었습니다.

소현세자와 심양고궁

　조선 시대 중반까지 중국 땅에는 한족이 세운 명나라가 있었어요. 하지만 힘이 점점 약해지면서 14대 황제 만력제가 있을 당시 수도 베이징에서 동북쪽으로 700km 떨어진 동북 3성 지역에서는 여진 부락의 추장 누르하치가 나라를 세울 준비를 하고 있었어요. 누르하치는 계속 세력을 넓혀 1616년 칸(황제)의 자리에 오르며 나라 이름을 후금이라 정했어요. 그리고 수도를 심양(선양)으로 옮겼어요.

　선양에 있는 심양고궁은 이때 누르하치가 만들기 시작한 왕궁이에요. 이 심양고궁은 청나라 2대 황제 태종 때 완성되었는데 베이징에 있는 자금성과 비교하면 상대적으로 작은 크기의 고궁이에요. 자금성의 면적은 심양고궁의 12배나 된답니다. 심양고궁은 베이징 고궁인 자금성과 함께 유네스코 세계문화 유산으로 등재되어 있어요.

심양고궁

심양고궁의 모습

당시 중국 땅을 차지하고 있던 명나라는 임진왜란 때 5만의 군사를 보내어 조선을 도와준 이후 힘이 약해지고 농민의 반란이 일어나 멸망의 길을 걷고 있었지요. 그 틈을 타 누르하치가 만주에서 여진족을 통일하고 후금을 세울 수 있었어요. 그리고 힘을 키워 명나라를 위협하던 후금은 조선에 형제 관계를 요구하며 정묘호란을 일으켰어요.

후금이 힘을 키워 가고 있을 때, 조선의 임금은 광해군이었어요. 광해군은 현명한 사람이었어요. 의리만 생각하여 망해 가는 명나라를 무조건 돕다가는 후금이 중국의 주인공이 되는 날 후환을 당할 수 있다는 사실을 잘 알았지요. 그래서 어느 쪽에 치우치려 하지 않았어요. 광해군의 중립 외교 덕분에 광해군 때에는 후금의 침입이 없었어요.

광해군 다음 왕인 인조는 금을 배척하고 명과 친하게 지내는 '친명배금' 정책을 취했어요. 또, 후금이 차지하고 있던 요동 지방을 되찾기 위해 평안북도에 주둔한 명나라 군대를 몰래 지원했지요. 명나라와 경쟁 관계에 있던 후금은 이것을 못마땅하게 여겼어요.

그런데 때마침 '이괄의 난'을 진압하는 과정에서 남은 무리가 후금을 찾아가 "지금이야말로 조선을 칠 때다"라며 조선을 칠 것을 부추겼어요. 후금은 이러한 것들을 구실 삼아 형제 관계를 요구하며 전쟁을 일으켰지요. 이것이 1627년에 일어난 '정묘호란'이에요.

3만 군사를 앞세운 후금은 압록강을 건너 황해도까지 침입했고, 인조는 할 수 없이 후금과 형제 관계를 맺었어요.

명나라와 싸워 영토를 확대하고 있던 후금은 내몽골을 평정하고 나라 이름을 청으로 바꾼 왕이 청 태종이에요. 그는 조선을 제압하고 요동 지배를 확고히 하는 등 청나라의 기초를 수립하였어요.

청 태종

국호를 바꾼 청 태종은 중국의 주인이 되겠다는 야욕을 가지고 조선에 군신 관계를 요구하였어요. 조선의 조정은 끝까지 싸우자는 척화파와 화약을 맺고 훗날을 기약하자는 주화파로 나뉘어 팽팽히 대립했어요. 결국, 척화파의 주장이 우세한 가운데 청나라 군대가 쳐들어왔지요. 이 전쟁이 '병자호란'이에요.

청 태종은 12만의 대군을 이끌고 쳐들어와 조선을 공포에 몰아넣었어요. 임경업 장군은 백마산성에서 철벽 수비를 하였지만, 청나라 군대는 우회하여 한양 근처까지 들어왔어요.

인조는 먼저 왕세자와 왕실 가족을 강화도로 피신시키고 후에 강화도로 가려 했어요. 그러나 이미 한양 가까이에 밀고 들어온 청군에 길이 막혀 강화로 갈 수 없었지요. 그래서 한양을 지키는 요새 중 하나였던 남한산성으로 피신했어요. 50여 일 분의 식량과 1만 3천여 명의 군사밖에 없었던 남한산성에서 인조는 45일간 청나라와 맞서 싸웠어요.

남한산성

그런데 강화도가 함락되어 왕실 가족이 모두 인질로 잡혔다는 소식이
전해졌어요. 오랑캐에게 항복할 수 없다는 신하들과 나라를 구하기 위해
서는 지금 항복하는 것이 현명하다는 신하들이 다투는 가운데 인조는 할
수 없이 남한산성을 나와 청나라에 항복하기로 했어요.

인조는 한겨울에 먼 길을 걸어 삼전도(조선 시대에 서울과 남한산성을
이어 주던 나루. 지금의 서울 송파)에 있는 청 태종에게 갔어요. 그곳에서
인조는 항복의 표시로 상복을 입고 3번 큰절을 하고 9번 땅바닥에 머리
를 꽝꽝 박아, 절하는 소리가 단 위에 앉아 있는 청 태종의 귀에 들리도

심양고궁

록 했어요. 이때 인조의 이마에서는 피가 흘러내렸어요.

그렇게 조선은 청의 신하가 되었고, 항복의 대가로 엄청난 배상금과 함께 소현세자와 봉림대군, 척화파 신하들과 20만 명의 백성을 청에 인질로 보냈어요. 이 사건을 '삼전도의 굴욕'이라고 해요. 이때 인조의 세 아들인 소현세자, 봉림대군, 인평대군이 후금의 수도였던 심양으로 끌려와 인질로 잡혀 있던 곳이 심양고궁이에요.

심양은 『열하일기』를 쓴 조선 시대 실학자 박지원이 청나라 황제를 만나러 갈 때 지났던 도시이기도 해요. 『열하일기』란 정조 4년(1780) 연암 박지원이 청나라 황제였던 건륭제의 70세 생일을 축하하는 사절로 청나라에 다녀온 일을 적은 여행기예요.

심양고궁의 입구인 대청문으로 들어가면 보이는 숭정전(중로에 있는 건물)

황제와 후궁이 살던 공간으로 들어가는 봉황루(중로에 있는 건물)

　　심양고궁은 황궁으로 건립되었으나 3대 황제 세조 순치제 때 베이징으로 수도를 옮긴 뒤로는 황제가 동북 지역을 순회할 때 머무는 곳으로 이용되었어요.

왼쪽부터 서로, 가운데 중로, 오른쪽에는 동로

동로 대정전

심양고궁의 건물은 만든 시기와 구조에 따라 동로, 중로, 서로로 나누어져 있어요. 동로는 1대 황제인 누르하치 시대부터 건립된 곳이고, 중로는 2대 황제인 청 태종 때 그리고 서로는 베이징 천도 이후 지어진 곳이에요. 동로는 초기에 지어져 만주식 건축이 눈에 띄며, 중로에서는 만주식과 중국식의 혼합 그리고 서로에서는 한족의 문화를 포괄해야 하므로 만주식보다는 중국식이 강한 건축 양식을 볼 수 있어요.

볼모로 잡혀 왔던 소현세자는 1645년 귀국할 때까지 8년간 심양에 머물렀는데 이때 『심양일기』를 썼어요. 소현세자 일행이 중국에서 볼모 생활을 하며 겪었던 모든 일을 일기 형식으로 남긴 책이에요. 현재는 서울대에 있는 규장각에 남아 전하고 있어요.

이 책에는 세자 일행이 명나라군과의 전투에 나섰던 내용, 청나라 관리들과 함께 사냥 등을 떠난 내용, 1643년 청 태종의 죽음과 1644년 청나라의 수도를 베이징으로 옮길 때 세자 일행이 겪은 내용, 그리고 소현세자의 상황과 그때의 낯선 곳에서의 마음들이 실려 있어요. 낯선 땅에서 불안하게 생활했을 소현세자와 조선 사람들을 생각하니 안타까운 마음이 들어요.

소현세자는 베이징으로 수도를 옮기기 전 당시 황궁이었던 심양고궁 인근 '심양관(조선관)'이라는 거처에서 머물렀다고 해요. 심양관은 현재 사라지고 현대식 건물이 들어서 터만 표시되어 있어요. 그런데 지금도 그 터를 정확히 알 수 없고 추정만 가능하다고 하니 왠지 씁쓸한 마음이 듭니다.

볼모로 잡혀가서 불안하기도 했지만, 소현세자는 청나라 고위관리들과 접촉하면서 친분을 쌓으며 인맥을 쌓아 나갔고 그를 통해 얻은 고급

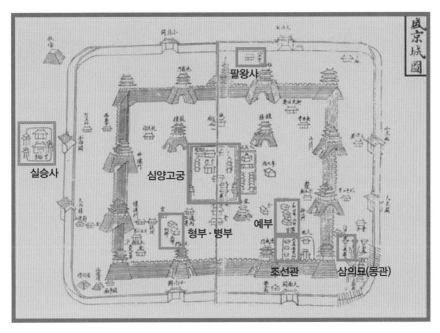

소현세자의 거처인 조선관(심양관)

정보를 몰래 조선의 인조에게 알려줘서 대비하게 하기도 했어요.

또, 소현세자는 아내 강빈의 권유로 심양 근처에 농장을 만들고 끌려온 조선인들을 노예 시장에서 돈을 주고 구출해 내서 농장에서 일하게 하였습니다. 그렇게 해서 얻은 상당한 재물은 청나라 관료들과의 교류와 심양관 운영에 쓰였어요.

청나라 측에서는 툭하면 세자에게 외교적 현안, 특히 명나라와 몰래 접촉하는지 등에 대한 것을 따져 묻고는 했는데 그때마다 세자는 긴장하지 않고 마치 외교 훈련이라도 받은 듯이 능숙하게 답변하곤 했다고 해요. 오랑캐라고 무시하였지만, 청나라가 받아들인 발전된 서양 문화를 접하고 청나라 황제와 고위관리들과도 친숙하게 지내면서 청나라와 조선의 관계를 좋게 하려고 노력하였답니다.

이때 청나라는 명나라의 수도인 베이징을 함락시켰고 명이라는 나라는 결국 사라지고 말았습니다. 어린 나이에 포로로 끌려갔던 불안함이 마음속에 가득했을까요? 소현세자는 조선으로 돌아온 후 석 달도 못 되어 병으로 돌연 세상을 떠났습니다. 아버지 인조와 사이가 안 좋아 독살되었다는 말도 있고 지병 악화로 인한 돌연사라는 이야기도 있어요. 무엇이 사실일까요?

청나라 수도였던 심양의 황궁 한끝에 조선 왕자의 흔적이 남아 있다는 것이 신기하기도 하고 슬프기도 합니다.

안시성

안시성은 삼국시대에 고구려와 당나라의 경계에 있던 중요한 산성으로, 유명한 '안시성 전투'가 일어난 곳이에요. 당 태종 이세민이 대군을 이끌고도 끝내 함락시키지 못한 성이랍니다. 한나라 요동군에 안시현이 있었는데 광개토대왕이 영토 확장기에 접수한 이곳에 고구려가 지형적 조건을 이용하여 쌓은 난공불락의 산성이라고 해요.

안시성은 당시 인구가 10만 명 정도였으며, 고구려가 만든 방어 성들 가운데 요동성 다음으로 전략적으로 중요한 곳이었어요. 하지만 정확한 위치가 알려지지 않아 기록과 현재의 남아 있는 성터를 보고 짐작하고 있어요.

645년 고구려의 개모성을 함락시킨 당나라 군대는 지형이 험하고 정예 병력이 배치된 안시성을 공격했어요. 이에 고구려는 전략적 요충지인

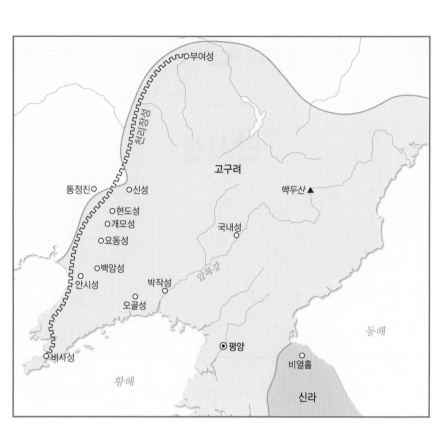

고구려와 당나라의 경계에 있던 주요 산성

안시성을 구하기 위해 15만의 지원 병력을 동원해 출병했으나, 안시성에서 3.2km 되는 지점에서 당나라 군대에 패배했어요.

안시성은 고립되었지만 계속해서 당나라의 공격을 막아냈어요. 당나라군 진영에서는 안시성 공격을 포기하고, 인근의 건안성을 공격하자는 건의가 나오기도 했어요. 그때 당나라 장수 이세적이 북쪽에 있는 안시

성을 통과해 남쪽의 건안성을 공격하다가는 보급로가 차단될 수 있으므로 안시성을 먼저 함락시켜야 한다고 강하게 주장했다고 해요.

당나라 군대는 안시성 동남 모서리에 흙으로 산을 쌓고 공격했으나, 성 안의 고구려 군대도 성의 높이를 더하여 막아냈어요. 당나라 군대가 성을 공격해 성벽을 파괴했을 때는 그 파괴된 성벽에 나무로 벽을 세워 막아냈어요. 결국 당나라군은 안시성을 함락시키지 못하고 돌아갔어요.

중국 역사책에는 등장하지 않지만, 이 당시 당 태종이 한쪽 눈에 화살을 맞았다는 일화가 전해져요.

안시성은 험준한 지형과 방어하기 좋도록 지어진 고구려성의 양식 때문에 상당히 오랫동안 공격하기 힘들었다고 해요. 안시성 전투에서 당나라의 태종이 끝내 고구려를 함락시키지 못한 이유가 바로 여기에 있어요. 안시성은 고구려를 지키는 데 있어 매우 중요한 전략적 가치를 지닌 성이었어요.

668년 고구려가 멸망한 뒤에도 안시성은 요동 지역에서 고구려 부흥 운동군의 중심지가 되었어요. 그렇지만 671년에 결국 당나라 군대에 함락되고 말았습니다.

개주 고인돌

개주 고인돌은 랴오닝성 가이저우시에 위치한 고조선 시대의 고인돌이에요. 현재는 석붕산에 자리하고 있어 '석붕산석붕(石棚山石棚)'으로 불려요. '석붕(石棚)'은 탁자식 고인돌을 뜻해요.

개주 고인돌의 위치

앞의 지도에 표시된 곳이 개주 고인돌의 위치예요. 개주 고인돌 주변을 살펴보면 산이 보이긴 하지만 완만하고 평평한 대지 위에 자리하고 있어 주변 어느 곳에서나 잘 보여요. 오늘날로 따지면 지역을 대표하는 랜드마크라고 할 수 있지요.

개주 고인돌은 거대한 탁자식 고인돌이랍니다. 탁자식 고인돌은 고조선의 대표적인 무덤 양식이에요. 주로 한반도 북부 지역에서 많이 발견되어 북방식 고인돌이라고도 불리며, 탁자처럼 생겼다 하여 탁자식 고인돌로도 불린답니다. 중국에서는 이를 석붕이라고 하는 것이죠.

탁자식 고인돌은 땅 위에 네 개의 받침돌로 무덤방을 만들고 그 위에 덮개돌을 올려놓는 형태입니다. 우리가 흔히 알고 있는 강화도 고인돌을 생각하면 쉽습니다. 고인돌은 보통 무덤으로 쓰인 고인돌과 제단으로 쓰인 고인돌이 있어요. 개주 고인돌처럼 거대한 고인돌은 종교적인 의식의 제단으로 쓰였을 가능성이 커요.

안으로 들어가서 개주 고인돌을 살펴보면, 굉장히 매끄럽게 가공되어 있어 현대에 만들어진 게 아닌가 하는 착각이 들 정도예요.

우리나라 고인돌 중 가장 큰 탁자식 고인돌인 강화 부근리 고인돌(지석묘)과 비교해서 살펴볼까요? 강화 부근리 고인돌이 굄돌(아랫돌)과 덮개돌(윗돌)을 큰 가공 없이 놓은 것이라면, 개주 고인돌은 사다리꼴 모양으로 표면을 아주 매끄럽게 가공해 놓았어요. 당시 가공하는 기술이 발전했음을 알 수 있는 모습이지요. 크기는 개주 고인돌이 강화 고인돌보

(좌) 개주 고인돌, (우) 강화 부근리 고인돌

개주 고인돌 길이 8.6m, 높이 3.7m, 너비 5.7m
강화 부근리 고인돌 길이 7.1m, 높이 2.6m, 너비 5.5m

다 크답니다.

개주 고인돌은 굄돌의 세 면이 이어져 막혀 있고 한 면은 열려 있어요. 그 안에서 무속신앙과 같은 종교의식이 치러졌다고 해요. 현재는 사찰처럼 앞에 향을 피우고 기도를 할 수 있도록 만들어 두었어요. 옛날부터 고인돌은 주변에서 흔히 볼 수 없는 거대한 석조물이었기에 동경과 존경의 대상이었고, 그것이 계속 이어져 사람들이 숭배하는 종교 장소가 되었답니다.

개주 고인돌의 굄돌 중 뚫린 곳으로 들어가면 벽화가 그려져 있어요. 언제 그려졌는지는 모르지만, 종교의식 중 하나로 그려졌을 것으로 추측하고 있어요.

개주 고인돌의 현재 모습

개주 고인돌의 벽화

우리 문화재가 중국의 국보로 지정되고, 안내판에 "중국 최초의 지상 축조물"이라고 설명된 걸 보니 씁쓸한 마음이 들어요. 개주 고인돌을 비롯하여 요동반도에서 발견된 고인돌은 한반도 내 고인돌과 마찬가지로 탁자식 고인돌로서 출토된 유물도 비슷하답니다. 즉, 두 지역이 동일한 문화라는 의미이고, 이는 바로 고조선의 영역이었다는 것을 뜻하지요.

그 옛날 우리 조상님들의 무덤으로 쓰이고 종교적인 목적으로도 쓰였던 고인돌을 통해서 조상의 지혜와 문화를 떠올려 보도록 해요.

와방점 대자 고인돌

　중국 랴오닝성 다롄의 와방점(瓦房店)이라는 곳에 있는 대자 고인돌은 산기슭에 자리한 고조선의 탁자식 고인돌이에요. 지금부터 와방점 대자 고인돌을 만나러 함께 떠나 볼게요.

　와방점 대자 고인돌을 가기 위해서는 마을을 지나 풀이 우거진 산기슭에서 돌계단을 통해 올라가야 해요. 계단을 오르면 생각보다 낯선 모습이 우리를 기다려요. 지금까지 본 고인돌 모습과는 다르게 마치 마당 안에 있는 비석을 보는 것처럼 보존되고 있어요.

　와방점 대자 고인돌은 주변보다 높은 곳에 있어 조망 좋은 대지 위에 있는 개주 고인돌처럼 주변 어디서나 쉽게 볼 수 있어요. 고인돌 옆 표지석에는 "대자둔 고인돌"이라고 새겨져 있어요. 이 표지석을 통해 우리가 올바르게 온 것을 알 수 있어요.

와방점 대자 고인돌

와방점 대자 고인돌의 옆모습

대자 고인돌의 옛 모습

현재의 대자 고인돌 모습

　과거에는 맨 위 사진처럼 보존되고 있었지만, 현재는 고인돌 위에 지붕이 덮여 있으며 문이 달려 있어요. 그리고 주변이 깔끔하게 정리되어 있어요. 깔끔은 해졌지만, 고인돌만의 매력이 사라진 느낌이 들어 조금 아쉽기도 해요.

　대자 고인돌에 설치된 문을 열고 들어가면 벽화가 그려져 있다고 해요. 이 벽화를 통해 개주 고인돌과 비슷하게 종교적인 제단으로 쓰였을 것으로 추측할 수 있어요.

대구에 있는 고인돌의 별자리

고인돌 바닥에는 별자리가 그려져 있어요. 신기하게도 우리나라에 있는 고인돌에도 별자리들이 새겨져 있어요. 충북 청원군, 경북 영일군 등에 있는 고인돌에서 북두칠성을 비롯하여 다양한 별자리를 볼 수 있답니다. 이는 중국 천문학이 들어온 삼국시대 이전부터 우리 조상들의 천문 체계가 있었다는 것을 알려줍니다.

위 사진은 대구에 있는 고인돌 사진이에요. 이곳 외에도 많은 고인돌에 별자리가 새겨져 있다고 하니 와방점 대자 고인돌에도 별자리가 있는 것이 놀랍지 않아요.

와방점 대자 고인돌의 덮개돌을 살펴보면 덮개돌에 두 줄의 홈이 있어요. 아마도 덮개돌을 옮길 때 줄을 묶었던 흔적이 아닐까 추측하고 있어요. 또한, 덮개돌이 처마를 이룬 모습을 더욱 시각적으로 나타내기 위해 계단식 처마를 만들었다고 해요.

와방점 대자 고인돌은 개주 고인돌에 비교해 조금은 덜 알려진 고인돌이라 한국에서 많이 찾지는 않아요. 하지만 우리 고조선의 문화재이기 때문에 앞으로 와방점 대자 고인돌에도 관심을 가지고 지켜보아요.

강상무덤

랴오닝성 다롄시 감정자구에 있는 강상무덤은 기원전 8~6세기 고조선 시대의 돌무지무덤이에요. 돌무지무덤은 시체 위에 돌을 쌓아서 만든 형태의 무덤으로, 우리나라에서도 어렵지 않게 찾아볼 수 있어요. 경기도 연천군 삼곶리에도 그런 돌무지무덤이 있는데 초기 백제 시대의 무덤으로 추정되고 있어요.

랴오닝성의 강상무덤에서 눈여겨볼 것은 이 무덤이 한 사람의 무덤이 아닌 140명이 넘게 묻혀 있는 집단묘라는 점이에요. 가운데에 지도자급의 묘를 만들고, 그 주변을 방사형으로 22개의 무덤이 둘러싸고 있어 총 23개의 무덤을 관찰할 수 있어요.

강상무덤에서는 고조선 시대의 유물들도 다수 발견되었어요. 대표적으로 비파형동검과 질그릇이 나왔으며 중국의 화폐였던 오수전(원래 중

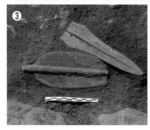

❶ 경기도 연천군 삼곶리 돌무지무덤 (출처: 문화재청)

❷ 강상무덤

❸ 강상무덤에서 출토된 비파형동검

❹ 강상무덤에서 출토된 질그릇

❺ 강상무덤에서 출토된 오수전

국의 화폐로 우리나라 철기시대에 사용하던 화폐)도 나왔다고 해요. 오수전의 발견은 고조선과 그 당시 중국이 서로 교류가 활발했다는 것을 알 수 있는 중요한 증거예요.

　강상무덤은 고조선의 순장제도를 보여주고 있어요. 순장이란 사람이 죽었을 때 그의 부인이나 노예들을 같이 묻는 풍습이에요. 이는 곧 고조선이 노예가 있는 신분제 사회였다는 것을 말해 주기도 해요. 하지만 최근 강상무덤에서 발견된 유골들을 조사한 결과, 강제성이 없고 묻힌 시대가 다르다는 주장이 나와, 순장이 아닌 단순히 집단묘라는 주장도 있어요.

누상무덤

　랴오닝성 다롄시 감정자구에 있는 누상무덤은 강상무덤에서 450m 떨어진 곳에서 발견되었어요. 10개의 무덤이 발견되었고, 강상무덤처럼 집단묘 형태예요. 여기서도 한 개의 무덤 안에서 여러 명의 인골이 나와 순장이라는 의견과 단순히 공동체의 집단묘라는 의견으로 나뉘어요.

　누상무덤 역시 돌을 쌓아 만든 돌무지무덤이에요. 돌덧널무덤이라고도 하는데, 큰 석판이 있고 주변은 흙과 자갈로 덮여 있어요. 돌덧널무덤은 해발 50m 이하의 낮은 구릉 지대에 주로 분포하며 돌덧널 안에 나무로 짠 널판을 넣었던 것으로 추정되고 있어요. 무덤 방이 깊고 유물도 다양한 편이에요. 청동기시대 한반도 일부 지역에서 조영된 무덤 형태이고 삼국시대를 거쳐 고려 시대까지 나타나는 무덤이나 주로 청동기시대의 것을 지칭하고 있어요.

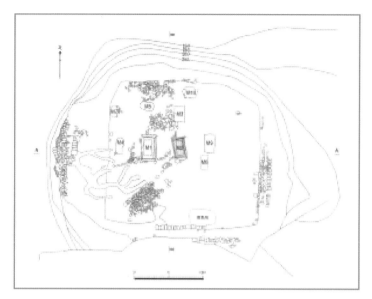

누상무덤 배치도 (출처 : 동북아역사넷)

누상무덤 (출처 : 한국학중앙연구원)

누상무덤은 언덕 위를 평평하게 고른 다음 동서 30m, 남북 20m의 장방형으로 묘역을 만들었어요. 그 가장자리에는 석회암 판석을 가지런히 둘러놓았어요. 묘역 한가운데에 잘 다듬은 판석을 깐 2개의 돌곽무덤이 있고, 둘레에는 보통의 돌곽무덤이 8개 있어요. 누상무덤에서도 강상무덤과 비슷한 유물들이 출토되었어요. 가운데 2개의 돌곽무덤에는 비파형 단검, 방패, 수레의 부속품들, 도끼, 끌 등 90여 점의 청동기와 여러 가지 청동 장식품들이 부장되어 있었어요. 전체적으로 약 50여 명분의 사람 뼈가 발굴되었어요.

따라서 이 무덤은 중앙 2개의 무덤이 주인공이고 주변의 무덤들은 순장된 것으로 보여요. 이것으로 보아 이 무덤은 BC 7~5세기경 고조선의 지방 귀족의 무덤으로 보여요. 이 무덤과 강상무덤은 고조선 사회가 노예제 사회였다는 주장의 한 근거가 될 수 있어요.

강상무덤과 누상무덤은 아주 가까운 위치에 있고 방식도 비슷하여 고조선 시대의 장례와 사회상을 알 수 있는 우리나라의 중요한 역사적 장소랍니다.

압록강 단교

 단둥은 중국 랴오닝성에 있는 도시로, 압록강 가에 있으며 강 건너 북한 신의주시와 국경을 접하는 국경도시예요. 단둥은 혈맹으로 붉게 물든 동쪽의 도시라는 뜻이에요. 이름에서부터 북한과 중국의 우호 관계를 상징하죠. 이런 부분들이 낯설게 느껴지기도 하지만 이곳에서는 압록강에서 유람선을 타고 강 건너 북한 땅에 최대한 가까이 가볼 수 있어요. 백두산과 함께 북한을 가까이에서 접할 수 있어 한국 관광객들이 많이 오는 곳이기도 해요.

 고구려 미천왕이 낙랑군과 중국 본토와의 연결고리가 되는 서안평을 공략하여 함락시켰는데, 이 서안평이 현대의 단둥시로 추정된다고 해요. 원래 작은 마을이었으나 1907년 개항장이 되었고, 3년 후 일본의 대륙 진출 장소로 발전하였어요. 옛 이름은 안둥(安東)으로 경상북도 안동시

(위) 압록강 단교 인근, (아래) 유람선에서 본 단둥 시내

와 한자, 로마자 표기(Andong)가 같아요. 그런데 '동방을 편안하게 하다'라는 '安東'의 뜻이 제국주의를 형상화한다는 이유로 중화인민공화국 수립 후인 1965년 안(安)을 공산주의를 상징하는 색인 붉을 단(丹) 자로 바꾸었어요.

단둥역 인근 고려 거리 입구

　단둥역에서 나와 오른쪽으로 10~15분 정도 걸어가면 압록강 단교가 나와요. 그 중간에 고려 거리라는 곳이 있고 그 안에는 여러 상점이 있어 북한 물건과 먹거리들을 살 수 있어요. 압록강 철교와 단교 그리고 강 건너 북한의 신의주를 처음 보는 순간 신기하기도 하고 믿기지도 않는 말로 설명할 수 없는 이상한 기분이 들었어요.

　압록강 단교는 한반도와 중국을 이어 주던 다리예요. 1911년 일본이 대륙 침략을 목적으로 압록강 하류에 건설했어요. 6·25전쟁 때 미국이 중국의 전쟁 개입을 막기 위해서 절반을 파괴하여, 현재 다리는 중국 쪽 절반만 남아 있어요. 파괴된 북한 쪽 다리는 교각만 덩그러니 수면에 드러나 있지요. 단교는 '끊어진 다리'라는 뜻에서 부르는 이름이에요.

압록강 단교

단교에서 70~80m 떨어진 상류 쪽을 보면 새로 세워진 다리가 있어요. 1943년에 건설한 '중조우의교'라고 하여, 오늘날 중국과 북한을 잇는 다리예요. 북한의 번호판을 단 차량과 기차가 국경을 넘는 광경을 볼 수 있는 때도 있어요. 944m에 달하는 1차선 철길과 1차선 다리가 현재 북한과 중국의 최대 교역로이자 통행로예요.

중국은 압록강에 단교와 여러 조형물을 설치하며 국가 중점 관광구로 개발해 관광 수입을 올리고 있어요. 단교는 한국 사람에게도 신기하고 의미 있는 장소이지만 중국 사람들로도 붐비는 것을 보면 이 사람들에게도 꽤 의미 있는 장소가 아닐까요?

1949년 10월 1일 중국 공산당은 국민당을 타이완섬(대만)으로 몰아내고 '중화인민공화국'을 건국했어요. 중국은 청나라 말기부터 여러 열강의 침입과 간섭을 받다가 일본의 침략으로 중·일전쟁을 겪어야 했고, 오랫동안 국민당과 싸웠어요. 국민당을 타이완섬으로 쫓아내긴 했지만, 본토에 남은 국민당의 세력과의 전투가 꾸준히 이어졌어요.

1950년 한반도에서 6·25전쟁이 발발하자 공산당 내에서도 참전에 대한 의견이 찬반으로 갈렸어요. 미국과 한국의 자유 민주주의 세력을 국경에서 직접 맞댈 수밖에 없는 상황들이 생기자, 마오쩌둥은 건국에 헌신했던 펑더화이 장군과 함께 아들을 포함하여 많은 군대를 보내어 참전할 수밖에 없었다고 해요.

단교를 오르면 6·25전쟁의 상흔을 확인할 수 있어요. 다리 위에는 6·25전쟁 사진과 설명이 있어요. '항미원조, 보가위국'(미국에 대항하여 조선을 돕고 나라를 지켰다)이라는 글귀에서 6·25전쟁에 대한 중국인들의 인식이 우리와 얼마나 다른지 단번에 알 수 있어요. 그러므로 중국이 참전하게 된 지역인 단둥과 건축물인 단교는 중국으로서는 의미가 커요.

압록강 단교에는 단교와 관련된 다양한 영상 자료들을 볼 수 있도록 해 두었어요. 단교 인근 선착장에서 유람선을 타면 강 건너 북한에 가깝게 접근할 수 있어요. 얼굴을 알아볼 수 있을 정도로 다가가 북한 주민을 바라볼 수 있다는 것이 너무 신기해요.

박작성

박작성은 고구려 때 지어졌던 산성이에요. 위치는 랴오닝성 단둥 시내

에서 20여km 떨어진 관전현 호산에 있어요. 압록강 하구의 경계를 맡았

박작산성(호산장성)

던 요충지로 중요한 성 중 하나랍니다.

요동반도에서 평양성으로 가는 교통로를 방어하던 고구려의 성이었어요. 당 태종의 대규모 침략이 실패한 지 3년 후 648년에 당나라는 군사 3만여 명을 보내 박작성을 공격하게 했지만 고구려군이 이를 막아내기도 했어요.

중국에서는 동북공정의 일환으로 박작성을 만리장성의 일부로 만들려고 온갖 수를 다 썼어요. 그래서 박작성은 많이 훼손되어 있어요. 중국은 1990년부터 성을 발굴하면서 석벽과 돌로 쌓은 우물, 우물 내에서 출토된 목선과 같은 고구려 유물을 대거 발견했어요. 하지만 고구려 유물들을 없애버리고 박작성 유적을 중국식 벽돌로 개조하여 박작성의 자리에 호산장성이라고 표시해 놓고 만리장성의 동쪽 끝이라고 대대적으로 광고하는 중이에요. 현재 남아 있는 고구려성의 흔적은 산 정상의 작은 망루 유적 정도밖에 없어요.

2021년 6월에는 중국이 박작성을 명나라 만력제 시기에 만들어진 만리장성에 포함시키며 '동쪽 끝 지점'이라고 왜곡한 사실이 발견됐어요. 호산장성은 명나라 때 박작성 위에 지어진 성이 맞지만 만리장성에 포함된 성은 아니었어요. 2022년 9월에는 박작성 입구에 넓은 광장을 만들어 놓고 "만리장성 동단기점"이라고 거대한 표지석을 세웠어요.

원래 만리장성 동쪽 끝은 산해관이라는 곳으로 중국 사람들에게도 유명한 유적지이자 휴양지예요. 중국 사람들도 아는 사실을 왜 바꾸고 우

(위) 박작산성(호산장성) 입구, (아래) 박작산성 전경

기는 것일까요?

　중국 땅에 있어 중국의 역사 논리에 맞춰 중국의 산성으로 변모하고 있는 것이 너무 안타까워요. 박작성은 우리 민족의 장성이 분명한데 말이죠. 이곳에서 나라를 지켰을 조상님들을 생각해 볼 수 있는 곳이에요.

박작산성에서 보이는 압록강과 북한 땅(2006년)

이곳에 오르려면 높은 산은 아니지만 제법 숨이 차요. 산성에 오르면 건너편으로 압록강과 북한 땅이 보여요. 특히 박작산성 바로 아래 압록강에는 노들섬 같은 것들이 여러 개 있고 그들 사이에는 작은 물길들이 있어요. 이 섬들이 북한 땅이라고 해요. 한 걸음에 건너 뛸 수 있을 정도로 북한 땅이 가깝다고 해서 '일보과(一步跨)'라고 하는 곳도 있어요. 시골 마을에 논과 논 사이의 모습 같은… 너무 한적한 시골 풍경 같아 보여 현재 분단되어 군사적으로 긴장된 우리나라의 현실과는 다른 평화를 생각하게 됐어요.

항미원조기념관

단둥에 있는 항미원조기념관은 중국이 미국에 대항하여 싸우는 조선을 지원하는 전쟁기념관이라는 뜻으로, 우리말로 말하면 '6·25전쟁 기념관'이라고 할 수 있어요. 이 기념관은 1958년에 건립되었으며 그동안 여러 번에 걸쳐 확장·보완하여 오늘에 이르고 있답니다.

이곳은 처음에는 '단둥역사문물진열관'이라고 불렀다가 후에 '항미원조기념관'이라고 개명을 했으며, 간판은 중국의 근대 문인으로 유명한 곽말약(郭沫若)이 썼다고 알려져 있어요. 여기에는 모두 12개의 전시실이 있으며 지금까지 500만 명 정도가 방문했다고 합니다.

한국전쟁은 북한의 남침으로 시작된 전쟁임에도 불구하고, 중국은 미국의 침략에 저항한 전쟁이라고 주장하며 자국의 참전을 정당화하고 있어요. 실제로는 UN군의 서울 수복 이후 북진하여 압록강 변까지 전선이

(위) 항미원조기념관, (아래) 곽말약의 글씨

진출하자, 중국의 국경에 미군이 주둔하는 것에 위기감을 느껴 중공군이 참전했다는 것이 지배적인 의견이에요.

하지만 한국전쟁 참전에 많은 군사력을 투입한 결과 중국은 전쟁 이후 많은 후유증을 겪었고, 참전을 결정한 중국 공산당에 많은 비판이 가해졌어요. 이런 이유로 중국은 자신들의 전쟁 참전에 정당성을 기하고자, 한국전쟁을 '항미원조전쟁'으로 부르고 있어요. 이 기념관의 진열관에는 항미원조 전쟁사를 기본으로 주요한 내용이 진열되어 있고, 박물관 앞쪽에는 높이가 53m나 되는 항미원조기념탑이 있어요. 한국은 전쟁이 발발한 6월 25일을 기념하지만, 중국의 경우 참전을 결정한 10월 25일을 기념일로 지정하고 있어요. 북한은 휴전협정이 이뤄진 7월 27일을 '전승절'이라 부르며 평안남도에 자리한 '열사릉'에 참배를 하는데 그곳에는 당시 전쟁에 참전했다 전사한 중국 지도자 마오쩌둥의 큰아들 마오안잉도 안치되어 있어요.

기념관 내부에는 6·25전쟁 발발부터 휴전협정까지의 사진을 전시해 놓았어요. 현관으로 들어가면 정면에 마오쩌둥과 펑더화이가 손을 잡은 거대한 조형물이 서 있어요.

중국에서는 2020년 10월 25일을 항미원조 70주년으로 성대하게 기념하였어요. 최근 미국과의 패권 다툼 속에서 '항미' 정신을 더욱 강조하고 있고 이 과열된 분위기가 SNS상의 논란으로도 이어지고 있어요. 이 과정에서 일부 한국에서 활동하고 있는 중국 아이돌과 연예인들이 항미원조를 기념하는 트윗을 올려 한국 네티즌들의 비판을 받기도 했어요. 한국 네티즌들은 중국 출신 연예인들이 한국인들에게 큰 상처가 되었던 한국전쟁을 자국 입장에서 지나치게 미화한다는 비판과 함께 중국 정부가 연예인들을 정치적 선전 선동에 이용하고 있음을 지적하였어요.

자국의 이익이 우선이라고 하지만 대한민국 땅이 폐허로 된 이 전쟁에 대해 우리가 주체적으로 말할 수 있어야 해요. 동시에 역사적으로 열강들의 사이에서 늘 개입될 수밖에 없었던 우리의 지리적 위치와 역사가 조금은 아쉬워요.

선생님이 들려주는
중국 속 우리 역사 이야기

중국 속 우리 역사 이야기

헤이룽장성

하얼빈역과 안중근 기념관 ···▶ 뤼순감옥

···▶ 뤼순관동법원 ···▶ 발해 상경용천부

하얼빈역과 안중근 기념관

하얼빈이라는 도시는 중국의 동북쪽에 자리하고 있어요. 그래서 겨울에 몹시 춥기 때문에 눈과 얼음으로 유명한 빙등 축제를 해요. 바로 근처에 러시아가 있어 영향을 많이 받은 곳이기에 아직도 러시아식의 건물들이 많이 남아있어요.

하얼빈의 위치

역사 지리적으로 볼 때 하얼빈의 대부분 지역이 우리나라의 부여에 속해 있었으며 이를 고구려와 발해가 이어받았어요. 그

❶ 러시아식 건물인 하얼빈 성소피아 성당의 모습
❷, ❸ 옛 러시아 모습을 가진 하얼빈역

안중근 기념관 입구

리고 하얼빈은 1909년 10월 26일 안중근 의사가 항일운동을 목적으로 하얼빈역에서 일본의 이토 히로부미를 사살한 곳으로도 잘 알려져 있어요. 이토 히로부미는 아시아 침략에 앞장서 조선에 을사늑약을 강요하고 헤이그 특사 사건을 빌미로 고종을 강제로 퇴위시킨 장본인이에요.

러·일전쟁 중 한국을 자신의 영토로 만들겠다는 방침을 세운 일제는 조약 체결을 위해 1905년 11월 이토 히로부미를 한국에 파견하였어요. 조약안에 대해 반대 여론이 강하자 일제는 군대를 동원하여 궁궐을 포위하고 정부 대신을 협박하며 조약 체결을 강요하였어요. 이렇게 체결된 을사늑약으로 한국은 외교권을 강제로 빼앗겼어요. 하지만 을사늑약은 조약의 체결 절차조차 제대로 거치지 않았기 때문에 국제법상 무효예요. 을사늑약이 강제 체결되자 고종황제는 각국에 친서를 보내는 한편 네덜

란드 헤이그에서 열린 만국평화 회의에 특사를 파견하여 국제 사회에 을사늑약의 무효를 호소하였어요.

안중근 의사 동상

중국 하얼빈역의 '안중근 의사 기념관'은 역의 남쪽 입구로 나와서 하얼빈역을 바라볼 때 입구 왼쪽에 자리 잡고 있어요.

안중근 의사 기념관의 크기는 생각보다 작았어요. 입구에 들어갈 때 여권을 보여주고 소지품을 검사해야만 들어갈 수 있어요. 들어가면 바로 안중근 의사의 동상이 보여요.

안중근 의사 기념관 안쪽에서는 안중근 의사가 이토 히로부미를 사살했던 하얼빈역의 장소를 볼 수 있어요. 하얼빈 역사 안 바닥을 보면 삼각 표시가 된 부분이 있는데, 바로 그 장소가 안중근 의사가 이토 히로부미를 저격한 장소예요.

안중근 의사 기념관은 사건 현장 바로 옆에 있던 하얼빈역 귀빈실 일부를 개조해 완성했답니다. "안중근의사기념관(安重根义士纪念馆)"이란 선명한 초록색 글자 위로 오전 9시 30분에 고정되어 움직이지 않는 대형

❶ 안중근 의사가 이토 히로부미를 저격한 장소
❷ 하얼빈역 귀빈실 일부를 개조해 완성한 안중근 의사 기념관
❸ 안중근 의사가 이토 히로부미를 저격한 시각을 보여주는 시계

벽시계가 보여요. 이 시각이 바로 그날 안중근 의사가 이토 히로부미를 저격한 시각이라고 해요. 그 밖에도 안중근 의사 기념관 안에는 안중근 의사와 관련된 다양한 기록들이 남아 있어요.

뤼순감옥

하얼빈역에서 이토 히로부미를 저격한 안중근 의사는 다롄에 있는 뤼순(여순)감옥에 투옥되었어요. 뤼순감옥은 항일운동가들이 수용되고 처형당했던 곳이에요. 대표적으로 수용된 한국인으로는 우리가 잘 알고 있는 독립운동가 안중근, 신채호, 이회영, 박희광 등이 있어요.

뤼순감옥을 정면에서 보면 세월의 흔적이 보이는 느낌이에요. 한국의 서대문형무소랑 느낌이 비슷해요. 중국도 항일운동과 관련된 시설 및 박물관 등을 문화재급으로 지정하여 관리하고 있어요.

뤼순감옥의 건축물들은 2천여 명을 동시 수용할 수 있는 큰 규모였어요. 수색실, 동쪽 감방, 교수형장, 고문실이 있으며 담장 밖에는 노역을 하는 과수원, 벽돌 공장 등 15개의 공장과 밭이 있었어요.

이곳을 돌아보는 일정 마지막 즈음에는 사형장이 있어요. 사형장을 만

뤼순감옥의 건축물과 관람 코스

시신이 담기는 나무통

든 후부터 해체될 때까지 많은 독립 투사가 이곳에서 사형을 당했어요. 1945년 8월 15일, 일본이 항복을 선포한 당일에는 더 무자비하게 사람을 죽였다고 해요.

사형장 안에는 사형을 집행하고 목숨이 끊어지면 바로 떨어트려 나무통에 시신이 담기는 구조가 그대로 보존되어 있어요. 묻히는 공간을 줄이기 위해 나무통에 시신을 넣고 수감자들을 시켜서 매장했다고 하니 너무 끔찍해요.

뤼순감옥에는 안중근 의사가 갇혀 있던 감방도 있어요. 그는 이곳에서 동양의 평화를 바라며 『동양평화론』이라는 책을 쓰기 시작했어요. 안중근은 이토 히로부미를 저격한 행동이 동양의 평화를 위한 행위였음을 설명했어요. 안중근은 1910년 2월 14일에 사형을 선고받은 후, 항소하지 않는 대신 『동양평화론』의 집필을 위한 시간을 허락해 달라고 판사에게 요청했고, 판사도 이에 동의했어요. 안중근은 이 말을 믿고 자신의 자서전인 『안응칠역사』를 먼저 썼고, 이후에 『동양평화론』 저술을 시작했어요.

그러나 일본은 안중근이 자국의 전직 수상이자 정계 거물인 이토를 살

(위) 안중근 의사가 갇혀 있던 감방 안, (아래) 안중근 의사의 흉상

해했다는 점, 그리고 오래 살려 둘수록 한반도 내부의 항일 여론과 세계적인 동정 여론이 고조될 가능성을 의식하여, 최대한 빨리 그의 사형 집행을 앞당기려 했어요. 결국 안중근은 사형이 선고된 지 40여 일 후인 3월 26일에 처형되었고, 이때는 『동양평화론』의 초반 일부분만을 겨우

쓴 상태였어요. 이로 인해 결국 『동양평화론』은 완성되지 못한 채 세상에 알려졌답니다.

중국 정부는 뤼순감옥 안에 '국제항일열사전시관'을 따로 만들었어요. 이곳에 안중근 의사의 흉상을 세우고 그의 항일운동 자료들을 전시하고 있어요. 이 밖에도 이회영, 신채호 의사 등 우리 독립운동가들과 관련된 전시물들로만 전시되어 있어요. 이국땅에서 우리나라를 위해서 목숨을 바치신 분들은 어떤 마음이었을까 생각해 보는 기회가 되었어요.

뤼순관동법원

중국 다롄의 뤼순감옥 인근에는 옛 뤼순(여순)관동법원 건물이 있어
요. 뤼순감옥에 갇혀 있던 안중근 의사가 재판을 받았던 곳이에요. 안중

뤼순관동법원의 모습

근 의사는 이곳에서 1910년 2월 7일부터 14일까지 6차례에 걸쳐 재판을 받았어요. 현재 이 건물에는 "뤼순일본관동법원구지(旅順日本关东法院 旧址)"라는 간판이 걸려 있고, 생각보다 규모가 작아요.

뤼순관동법원은 1907년에 세워졌으며, 고등법원과 지방법원으로 사용하다가 지방법원은 1923년 8월에 다롄으로 옮겨갔어요. 이곳에서 수많은 중국의 항일지사와 공산당원, 그리고 한국의 민족 영웅들이 재판을 받았어요.

해방된 후 1947년 3월에 다롄시 관공서 사무실로 사용하다가 뤼순시립병원이 들어섰고 후에는 뤼순커우구인민병원으로 사용했어요. 2001년 3월과 2002년 1월에 시급 문물 보호 단위와 다롄시 중점 보호 건축물로 선정되었으며 2006년 5월 대외적으로 법원구지 진열관과 애국주의 교육 장소로 개방하고 있어요.

2층에는 안중근 의사가 이토 히로부미를 저격한 건에 관한 법정 심문이 있었던 자리가 그대로 보존되어 있어요. 크기는 작지만, 실제 재판정이 그대로 재현되어 있어 분위기가 엄숙해요. 이곳에서 한국어로 관련 영상을 시청할 수 있고, 법정 발언 또한 전시하고 있어 그때의 상황을 조금은 느껴 볼 수 있어요.

재판장을 바라보다 보니, 당시 죽음을 앞둔 상황 속에서도 독립에 대한 열망을 묵묵히 이야기하던 안중근 의사가 정말 존경스럽게 여겨졌어요. 그는 이곳에서 이토 히로부미를 죽인 이유를 '일본의 15가지 죄'로

재현해 둔 재판정

말씀하셨다고 해요.

1. 명성황후를 시해한 죄

2. 1905년 11월 한국을 일본의 보호국으로 만든 죄

3. 1907년 정미7조약을 강제로 맺게 한 죄

4. 고종황제를 폐위시킨 죄

5. 군대를 해산시킨 죄

6. 무고한 한국인들을 학살한 죄

7. 한국인의 권리를 박탈한 죄

8. 한국의 교과서를 불태운 죄

9. 한국인들의 외국 유학을 금지한 죄

10. 제일은행권 지폐를 강제로 사용한 죄

11. 한국이 300만 파운드의 빚을 지게 한 죄

12. 동양의 평화를 깨뜨린 죄

13. 한국에 대한 일본의 보호 정책을 호도한 죄

14. 일본 천황의 아버지인 고메이 천황을 죽인 죄

15. 일본과 세계를 속인 죄

이처럼 안중근 의사는 이토 히로부미의 죄와 일본의 만행을 만천하에 고발하려 했어요. 1910년 2월 14일, 일제는 안중근 의사에게 사형을 선고했고, 한 달여 후인 3월 26일, 그는 31세의 나이로 뤼순감옥 형장에서 순국했어요. 그가 얼마나 우리나라를 사랑했고 독립을 원했는지 알 수 있어요. 그의 유해가 뿌려진 곳으로 추정되는 곳은 있지만, 확실히 밝혀진 것이 없어 아쉽기만 해요.

발해 상경용천부

발해 상경용천부는 현재 헤이룽장성 닝안시에 있으며, 과거 발해 5경 중 하나이자 발해의 수도였어요. 발해 5경은 상경용천부, 중경현덕부, 동경용원부, 서경압록부, 남경남해부로 발해의 주요 도시에요.

발해 5경

발해의 3대 문왕 대흠무가 수도를 중경현덕부에서 상경용천부로 천도했고 이후 다시 동경용원부로 천도했어요. 그리고 5대 성왕 때 다시 상경용

흥륜사 발해 석등

천부로 천도한 이후 이곳은 발해가 멸망할 때까지 수도였어요.

상경용천부는 외성-황성-궁성의 3중성으로 되어 있어요. 우선 외성 안으로 들어가면 '흥륜사'를 볼 수 있어요. 흥륜사는 발해 시대의 절터로 불타 없어졌다가, 청나라 강희제 때 다시 지어져 오늘날까지 전해지는 절이에요. 이곳을 찾은 이유는 바로 '발해 석등'을 볼 수 있어서랍니다. 교과서 속 대표적인 발해 유물로 소개되는 발해 석등을 바로 이 절에서 볼 수 있어요.

발해 석등은 9세기에 건축된 것으로 추측되고 있으며 높이가 6.3m이고 현무암으로 만들어졌어요. 석등의 모습을 보면 발해가 어느 나라에서 영향을 받았는지 알 수 있어요.

먼저 석등의 평면이 팔각형인 것에 주목해 볼까요? 중국 석등은 부분적으로 원형으로, 발해 석등처럼 팔각형 평면의 전체 부재가 팔각이 중심을 이루는 경우는 없어요. 이것은 백제 시대부터 통일신라 시대에 확립된 양식이랍니다.

두 번째로 상대석과 하대석을 보도록 할게요. 둘 다 삼중으로 된 연꽃잎이 보입니다. 상대석의 삼중 연꽃잎은 당과 신라에서 볼 수 있는 특징이지만, 하대석의 삼중 연꽃잎은 발해만의 독특한 양식이에요. 이것은 고구려의 양식을 계승한 것이라고 해요.

정리하자면, 발해 석등은 고구려의 양식을 계승하고 통일신라와 건축 방식을 교류했거나 영향을 받았다는 거예요. 이것은 발해가 중국이 아닌 한반도의 영향을 받아 세워졌음을 의미하는 중요한 모습이랍니다.

다음으로 둘러볼 곳은 발해의 유물을 모아 놓은 박물관이에요. 중국은 '발해상경유지박물관'에 발해 유적지에서 발굴된 유물들을 전시하면서 발해를 "당나라 조정으로부터 책봉 받은 지방 민족 정권"으로 규정하고, '당대(唐代) 문화'의 영향을 받았지만 '특색 있는 발해 문화'를 형성했다고 기록해 놓았어요. 게다가 박물관 내부 사진 촬영도 금지하고 있어요.

상경용천부 유적지에 들어가기에 앞서 발해의 역사를 간략하게 설명해 주는 전시관을 관람할 수 있어요. 여기서도 발해를 한낱 당나라 시기

발해상경유지박물관

(위) 발해역사 전시관 , (아래) 역대 왕 초상화 일부

에 변방의 유목민이 세운 지방 정권으로 치부하고 있어요. 당과 맞설 정도로 강대한 국력을 지녔으며, 200년 넘게 지속한 나라의 역사를 다루는 전시관치고는 너무 작고, 전시물도 볼품이 없어요.

전시관 안쪽에는 발해 역대 국왕들의 초상화가 그려져 있는데, 이는 실제 모습이 아닌 상상화예요. 발해에 대한 기록이 별로 남아 있지 않기 때문이기도 해요.

이제 궁궐이 있던 궁성 안으로 가 볼게요. 궁성의 남문인 오봉루에 가면 가운데에는 문이 없고 양쪽에만 문이 있어요. 문 앞은 흙이 아니라 돌로 되어 있는데, 이는 적군이 땅을 파고 들어오지 못하게 하기 위해서라고 해요. 이 문을 통과하면 궁궐이 있던 궁지가 나와요. 궁궐 건물은 하나도 없고 터만 남아 있어요. 총 5개의 궁궐이 있었다고 하는데 현재는 그 터에 비만 세워져 있어요.

안으로 좀 더 들어가면 석조기단이 있어요. 이곳은 제1 궁궐터가 있던

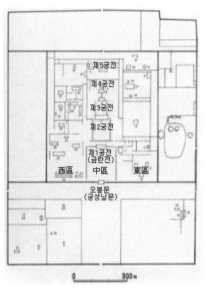

궁성 배치도

오봉루

곳이에요. 크기로 보아 엄청난 크기의 궁궐이었다는 것을 알 수 있어요.

나무 데크로 잘 다듬어진 길을 따라 궁성 안을 거닐다 보면 '팔보유리정'이라 불리는 우물도 보여요. 원래 우물은 제2 궁궐터 동서쪽에 각각 있었지만, 현재는 서쪽의 우물은 파괴되고 동쪽에만 남아 있어요.

이 우물은 깊이 2m까지 팔각형 단면으로 내려갔으며, 그 아래로는 원형으로 변하면서 넓어지는 방식이에요. 이러한 형태는 평양시에 있는 고구려 고산동 우물과 매우 흡사하여 고구려의 영향을 받았다는 것을 알려

❶ 궁성 내 석조기단
❷ 나무로 만든 정리된 길
❸ 팔보유리정
❹ 팔보유리정의 우물

주고 있어요. 원래는 정자가 없었지만, 현재는 우물을 보호하기 위해 정자가 세워져 있어요.

발해 상경용천부는 중국의 장안(시안)을 모티브로 하여 만들어진 계획도시였어요. 아래 그림에서 나타나듯이 주작대로라는 큰길과 각 성의 배

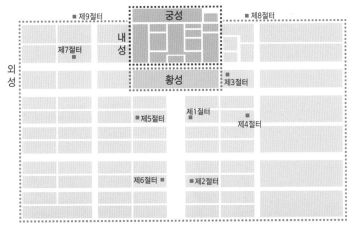

(위) 발해 상경용천부 평면도, (아래) 고구려 온돌 복원

치를 보았을 때 철저하게 계획되어 만들어진 도시라는 것을 알 수 있어요. 우리 조상들의 지혜를 엿볼 수 있는 대목이에요. 또, 궁궐 내에서는 온돌이 발견되었는데 이는 고구려에서 영향을 받은 것이랍니다.

선생님이 들려주는
중국 속 우리 역사 이야기

중국 속 우리 역사 이야기

지린성

윤동주 생가 ┈▶ 백두산 ┈▶ 고구려 유적지 ┈▶ 장군총 ┈▶ 환도산성

┈▶ 일송정 ┈▶ 봉오동 ┈▶ 청산리 ┈▶ 신흥무관학교

윤동주 생가

중국의 지린성에는 우리 민족이 대대로 살아온 연변(옌볜)조선족자치구가 있어요. 이곳의 대표적인 도시는 연길(옌지)과 용정(룽징)이에요. 이지역에는 아직도 우리 민족이 많이 살고 있어 상점 등의 안내판이 한글

연변조선족자치구

연변의 한글 간판

로 되어 있는 곳이 많고 식당에 한국 음식도 많이 있어요.

연변 지역에는 우리 민족과 관련된 장소들이 많아요. 대표적으로 백두산, 항일운동으로 유명한 일송정, 그리고 윤동주 시인과 관련된 장소 등이 있어요.

윤동주 시인이 살았던 생가는 용정에 있어요. 윤동주 시인이 태어나 15세까지 살았던 집이에요. 1900년경 윤동주 시인의 할아버지가 남쪽을 향해 지은 기와집으로, 기와를 얹은 칸과 서쪽에 자리한 동향의 사랑채가 있는 우리나라의 전통 가옥 구조예요.

윤동주 시인은 일제강점기에 활동한 시인이자 독립운동가예요. 직접적인 무장 투쟁은 하지 않았지만, 자기 뜻을 굽히지 않고 시로 표현한 저항 시인이에요.

한국인이 가장 사랑하는 시인 윤동주의 중국 생가 표지석에 조선족이라는 표현이 있어 몇 년째 논란이 되고 있어요. 조선족이라는 표현은 윤

윤동주 시인이 살았던 생가

동주 시인을 한국인이 아닌 중국인으로 본 것과 다름없다고 지적하면서 지금이라도 '조선족'이라는 표현의 표지석을 한국인으로 바꿔야 한다는 지적이 꾸준히 제기되고 있어요. 일본 검찰이 공개한 윤동주에 대한 재판 기록들을 봐도 윤동주 시인의 본적은 함경북도로 한국인임이 분명한 것으로 나타나 있어요. 윤동주의 가족이 일본의 폭압을 피해 북간도로 피난을 갔지만, 국적이 바뀐 적은 없어요.

윤동주가 쓴 시는 여러 시가 있지만, 대표적인 시로는 '서시'가 있어요.

서시

죽는 날까지 하늘을 우러러

한 점 부끄럼이 없기를,

잎새에 이는 바람에도

나는 괴로워했다.

별을 노래하는 마음으로

모든 죽어 가는 것을 사랑해야지

그리고 나한테 주어진 길을

걸어가야겠다.

오늘 밤에도 별이 바람에 스치운다.

'별, 바람' 등의 자연물을 통해 지은이의 생각을 표현하고 있어요. 별은 천상세계에 속하고 바람은 지상 세계에 있는데, 시 마지막에 가서 별이 바람에 스치는 것은 두 세계가 만나는 것을 상징한다고 볼 수도 있어요. 또 '바람'은 시인의 불안과 고통을 상징하기도 해요. "한 점 부끄럼 없기를 ~ 괴로워했다"라는 구절을 통해, 시인의 결벽성을 짐작할 수 있고 "나에게 주어진 길"은 내가 걸어갈 길로, 인생, 운명, 미래의 소명을 가리켜요. "모든 죽어 가는 것을 사랑해야지"라는 구절을 통해, 시인이 다른 사람을 사랑하는 성품임을 짐작할 수 있어요.

윤동주 생가에는 윤동주가 어릴 때 공부한 방과 방학 때 돌아와서 시를 쓰던 방이 그대로 만들어져 있어요. 또한, 생가 주변에는 명동교회, 윤동주 기념비, 명동학교 유적 등 다양한 유적을 볼 수 있어요. 안타깝게도 중국 사람들은 윤동주 시인이 태어난 곳이 현재 중국 땅이기에 윤동주 시인을 중국 사람으로 인정하고 있습니다.

백두산

한국에서 제일 높은 산은 백두산이고, 두 번째로 높은 산은 한라산이에요. 백두산은 북한과 중국 국경에 있는 화산으로, 최고 높은 봉우리는 해발 2,744m랍니다. 산의 정상은 칼데라호인 천지를 품고 있는데 이곳

백두산 천지

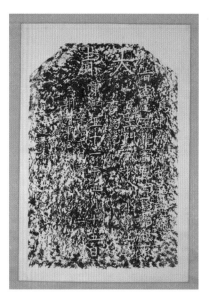
백두산정계비 탁본

은 압록강, 두만강, 송화강 등의 발원지예요.

백두산은 한민족의 영산으로, 지금도 한국의 국가와 북한의 국가에 모두 등장해요. 또한 『삼국유사』, 『고려사』, 조선의 『태종실록』, 『세종실록』, 『영조실록』 등에도 등장한답니다. 중국에서는 최고 여행지인 5A(A 개수가 1~5개 중 5개) 여행지로 지정되었어요.

일본에 의해 파괴된 백두산정계비는 조선 숙종 39년(1712) 조선과 청나라가 백두산 지대의 국경선을 합의하고 세운 비석이에요. 이 비석은 백두산 정상이 아닌 해발 2,150m 고지에 세워졌어요. 조선과 청 양국은 정묘호란 이전부터 국경지대를 두고 예민하게 반응했어요. 백두산 정계를 통하여 청은 천지가 청 경내에 포함되도록 하고, 조선은 백두산 천지 남쪽과 동쪽 공지에 대한 관할권을 인정받았어요. 이에 대해 조선 신료들 다수는 "땅을 얻었다"며 긍정적으로 평했다고 해요.

6·25전쟁이 끝난 후 북한과 중국이 맺은 조약에 따라 현재 북한과 중국의 국경선은 백두산 천지 한가운데를 지나고 있어요.

백두산 천지에는 괴수가 산다는 소문이 있어요. 의외로 오래전부터 목격담이 존재하고, 네스호의 괴물 '네시'를 닮았다는 이야기도 있어요. 문헌 기록으로서 1930년 중국에서 편찬된 『무송현지(撫松縣志)』에 따르

백두산 정상부에 있는 중국과 북한의 경계석

면, 1870년경 백두산에서 사냥하고 있던 네 명의 사냥꾼이 천지 변의 조오대에 이르렀을 때 지반봉 밑 천지에서 한 괴물이 수면에 노출된 것을 보았어요. 괴물은 황금색으로 머리는 큰 화분만 하고, 두상에는 뿔이 있고, 긴 목에는 수염이 많은데, 머리를 숙여 흔드는 모습이 마치 물을 마시고 있는 것 같았어요. 사냥꾼들은 이 광경을 보고 매우 겁이 나서 황급히 산꼭대기로 향하였어요. 산 중턱쯤 올랐을 때 갑자기 요란한 소리가 들려 사냥꾼들이 뒤를 돌아다보니 물 가운데 있던 괴물은 이미 사라지고 보이지 않았어요. 사냥꾼들은 모두 그 괴물이 황룡이었을 것으로 생각했어요.

백두산 서파를 오르내리는 데크길

　백두산은 한국 사람들이 가려면 중국을 통해서 올라갈 수 있어요. 사람들은 대부분 기차역인 이도백하역과 송강하역에서 출발해 백두산을 오른답니다. 백두산에는 가장 먼저 길이 열린 북파와 생태 여행 코스를 통해 갈 수 있는 서파, 그리고 간혹 개방하는 남파와 북한에서 올라갈 수 있는 동파가 있어요.

고구려 유적지

지린성의 지안(집안)이라는 도시에 가면 고구려 유적지들을 많이 볼 수 있어요. 대표적인 유적지 중 하나가 바로 고구려의 두 번째 수도인 '국내성'이에요.

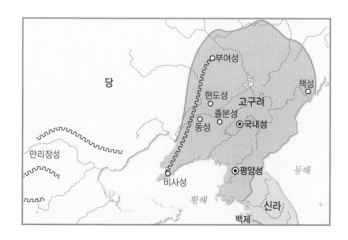

고구려 국내성의 위치

지안의 고구려 성곽 흔적

『삼국사기』에 따르면 고구려가 졸본에서 국내성으로 수도를 옮긴 것은 유리왕 때이며, 장수왕 때인 427년 평양으로 수도를 옮기기 전까지 약 400년 동안 고구려의 도성이었어요. 성의 모습은 많이 손상되었지만 고구려 성곽의 모습을 잘 보여주고 있어 우리나라의 성 만드는 방식을 알려주는 중요한 유적이에요.

국내성 터에서 조금만 더 가면 고구려 제19대 왕인 광개토대왕의 능비 '광개토대왕릉비'가 있어요. 중국, 일본에서는 '호태왕비'라고 부르고 있답니다. 광개토대왕릉비의 높이는 약 6.39m 정도로, 보통 키를 가진 남자 어른의 약 4배에 달하는 크기예요.

광개토대왕릉비는 광개토대왕의 아들 장수왕이 세웠어요. 비석에는

(위) 1902년 일제 조사단의 답사에서 촬영된 광개토대왕릉비, (아래) 광개토대왕릉비

글자가 새겨져 있는데, 고구려의 역사와 광개토대왕의 업적이 주된 내용이에요. 현재 광개토대왕릉비는 세계문화유산으로 지정되어 있어요.

비석이 발견된 소식이 알려지자, 여러 서예가나 금석학자들이 탁본(비석의 내용을 종이에 먹물로 새기는 것)을 만들었어요. 그런데 사람들이 좀 더 정교한 탁본을 만들기 위해 불을 피워 비석 표면의 이끼를 제거하는 과정에서 비면 일부가 훼손되었고, 또한 석회를 발라 비면을 손상함으로써 이후 내용에 대한 논란이 발생하게 되었어요.

앞에서 언급했듯이, 광개토대왕릉비는 광개토대왕을 기리기 위해 장수왕이 건립한 비예요. 그렇기에 광개토대왕의 공적과 그의 무덤에 대한 기록이 중심을 이루고 있어요. 묘비는 크게 세 부분으로 나뉘는데 첫 부분은 고구려의 연원과 왕들의 계승, 그리고 광개토왕의 죽음을 담고 있어요. 두 번째 부분은 광개토대왕의 화려한 업적과 정복을 담고 있어요. 그리고 세 번째 부분은 왕릉을 관리하는 역할을 담당한 수묘인들에 대한 이야기를 담고 있어요.

장군총

　광개토대왕릉비 인근에는 장수왕의 무덤이라고 알려진 '장군총'이 있어요. 장군총 역시 세계문화유산으로 지정되어 있어요. 장군총이 누구의 무덤인지에 대해서는 정확하지 않은 부분도 있는데, 무덤 안에 있던 유품이 모두 도굴당했기 때문이에요.

　장군총은 규모가 큰 데다가 잘 다듬어진 화강석이면서 7층의 피라미드형으로 만들어졌어요. 여러 고분 중 형체가 가장 잘 남아 있기 때문에 더욱 유명해요. 하지만 워낙 오래되었기에 훼손된 부분이 많아요. 무덤의 형식은 돌무지 돌방무덤이며, 동방의 피라미드 혹은 금자탑이라 할 만큼 규모가 커요. 한 변이 31.5~33m이며, 높이는 14m. 근처에 있는 다른 고구려계의 무덤 및 수도 유적과 함께 유네스코 세계유산으로 지정되었어요.

장군총

　무덤의 규모로 보나 쌓은 모습으로 보나 장군총은 고구려 왕릉으로 추
정되지만, 어느 왕의 무덤인지에 대해서는 논란이 있어요. 북한과 중국
에서는 장수왕의 무덤으로 짐작하고 있어요. 무덤 축조 양식이나 기술적
으로 후대의 것이 확실한 장군총은 장수왕릉이 될 수밖에 없다는 이야기
가 꽤 많아요.

환도산성

지안시에는 국내성과 더불어 또 다른 성인 '환도산성'이 있어요. 환도
산성은 국내성 북쪽에 있는 해발 676m의 산 위에 자리하고 있는데, 고

환도산성

구려의 대부분 성들과 마찬가지로 산의 모양과 돌 등을 이용해 성벽을 만들었어요.

고구려는 국내성 도읍기에 평지성인 국내성과 함께 방어하기 쉬운 산성을 쌓은 것이에요. 고구려의 정치·군사적 상황에 따라 환도산성은 왕성으로 사용되기도 했다고 해요. 즉 평상시에는 평야에 자리한 국내성에 거주하고, 위급한 상황이나 전시엔 산 위에 있는 환도성으로 대피한 것 같아요.

일송정

지린성 연변조선족자치주의 용정시에서 서쪽으로 약 3km 떨어진 비암산 정상에는 '일송정'이라는 정자가 있어요. 원래 일송정은 이 산 정상에 소나무가 한 그루 있었는데 그 모양이 정자를 닮았다고 해서 붙여진 이름이었대요.

일송정 비석

용정시는 일제강점기에 독립운동가들이 활동하던 곳이었어요. 산 정상에 독야청청한 모습으로 우뚝 선 소나무는 어렵게 활동하던 독립투사들에게 버팀목이 되었다

일송정

고 해요.

조국의 독립을 위해서 중국까지 와서 독립운동을 해 나가고 있었지만, 자유시 참변으로 인해 통합 독립군은 와해하고 일본의 탄압은 더 거세지면서 독립운동에 어려움을 겪게 되었어요.

자유시 참변은 북간도와 연해주의 반일 독립군 부대를 망라하는 대규모 통합부대 편성 과정에서 발생한 내분 유혈사태예요. 일본을 피해 소련으로 들어간 대한독립군단은 자유시로 이동했어요. 1921년 6월 통합부대의 지휘권을 둘러싸고 고려혁명군과 대한의용군 사이에 발생한 충돌로 인해 최소 100명에서 최대 500명에 달하는 독립군 병사들이 사망

하거나 행방불명되었어요. 이로 인해 3·1운동 직후 고조된 반일 무장 투쟁의 열기는 한풀 꺾이고, 독립전쟁론에 입각한 운동 방침이 후퇴하기에 이르렀어요.

1938년 일제가 이 소나무를 고사시킨 것으로 전해지고 있어요. 1991년 용정시 당국은 한국의 각계 인사들의 후원으로 옛 자리에 소나무를 다시 심어 복원했으며, 그 자리에 현재의 정자를 세웠어요. 정자에 오르면 용정시 일대의 만주 벌판이 한눈에 들어오며, 용정시 반대편으로는 해란강과 평강평야가 넓게 펼쳐져 있어요.

봉오동

봉오동전투로 유명한 봉오동은 중국 지린성 허룽현에 있어요. 봉오동 전투는 일제강점기 중반인 1920년 6월에 홍범도를 필두로 최진동, 안무 등 대한북로독군부 소속 독립군 연합 부대가 봉오동에서 일본 정규군 추격대대와 교전하여 대패시킨 사건이에요.

1919년 3·1운동 이후 독립운동이 쇠락해지자 독립운동가들은 무장 투쟁을 시작했어요. 만주 지역에서 조선 독립군의 무장 활동이 활발해지게 되자, 일제는 독립군 세력을 소탕하고 토벌을 하기 위한 작전을 펴게 되었어요.

함경남도 나남에 본부를 둔 일본군 19사단은 독립군과의 전투에서 패배하자 군대를 파견해 독립군을 섬멸하도록 명령했고, 일본군은 왕청현 봉오동 지역까지 독립군을 추격해 왔어요.

이에 맞서 홍범도가 이끌었던 대한독립군은 북간도 지역 독립군과 연합하여 대한북로독군부를 결성하고 만주 지린성 봉오동으로 집결하여 한반도 진공 작전에 돌입하게 돼요.

홍범도 장군

보고를 접한 홍범도는 봉오동 주민들을 대피시켰어요. 그리고 전 독립군에게 일본군이 포위망에 완전히 들어올 때까지 매복해 있다가 발포 신호에 따라 일제히 총공격을 가하도록 명령했어요. 독립군은 일본군이 나타나면 교전하는 척하면서 일본군을 포위망 안으로 유인했어요.

홍범도의 계획에 따라 작전이 전개되어 6월 7일 일본군은 결국 대패했어요. 상해 임시정부의 군무부에 의하면 봉오동전투에서 일본군은 전사 157명, 중상 200여 명, 경상 100여 명이 나왔다고 해요. 한편, 독립군 측은 전사 4명, 중상 2명으로 비교적 가벼운 피해를 보았어요.

봉오동전투의 승리는 무엇보다도 당시 국내외에 있던 모든 동포에게 독립에 대한 강한 자신감을 심어 주었다는 것에 큰 의의가 있어요.

봉오동 지역은 현재 저수지로 바뀌었어요. 중국 정부에서는 저수지 입구에서 200m 정도 떨어진 곳에 '봉오동전투기념비'를 세워 이를 기념하

(위) 봉오동전투 전적지, (아래) 봉오동전투 기념비

고 있어요.

  우리나라에서는 독립군이 불리한 상황을 이겨내기 위해 봉오동 지형
을 활용하여 무장 항쟁한 사실을 영화를 만들기도 했어요. 바로 우리가

3·1운동 후 많은 조선인들이 만주로 건너가 독립군을 조직하고 항일 무장투쟁을 전개하자, 일제는 이들을 없애기 위해 병력을 투입할 구실을 찾았다. 그리하여 마적 수령 장강호를 매수, 마적단 4백여 명이 훈춘을 습격하게 했다. 이 습격으로 훈춘의 일본영사관에서 시부야 경부의 가족 등 일본인 부녀자 9명이 살해되었다. 일제는 이 사건을 빌미 삼아 마적 토벌이라는 구실하에 나남사단(羅南師團)을 비롯한 대규모 군대를 출동시켜 일대의 조선인과 독립운동가들을 무차별 학살하는 만행을 저지르고 한민회와 독립단 조직을 파괴했다. 특히 독립군의 활동 기반이라고 간주한 조선인 교포 학살에 역점을 두었으므로, 훈춘에서만도 242명의 조선인 교포가 학살당했다. 이 사건을 시발로 하여 일본군의 만주 조선인 교포 학살 행위가 그치지 않고 자행되었다.

잘 알고 있는 영화 '봉오동전투'예요. 독립군의 대표적인 전과로 청산리 전투와 함께 '대첩'이라는 말이 붙을 정도로 유명하지만, 한국 역사학계에서는 역사적 사실로 인식하는 내용이 다르기도 해요.

청산리

청산리전투는 간도에 불법으로 침입한 일본군이 독립군을 포위하여 섬멸하려고 들어오다가 도리어 독립군의 반격을 받고 대패한 전투예요. 김좌진이 지휘하는 북로군정서군, 홍범도가 지휘하는 대한독립군 등이 연합하여 중화민국 길림성 화룡현 삼도구 청산리 백운평, 천수평, 완루구 등지에서 10여 차례에 걸쳐 일본군과 교전하였으며, 8개 독립운동 단체가 참여했어요.

첫 전투는 1920년 10월 21일 오전 9시 청산리 부근의 골짜기에서 김좌진이 이끄는 독립군과 일본군 사이에 시작되었어요. 여기서 시작된 전투는 인근으로 옮겨지면서 10월 26일 새벽까지 6일간 10여 차례의 크고 작은 전투들이 전개되었고 독립군이 승리했어요.

한국 측 기록에 의하면 이들 전투에서 일본군 전사자는 1,200명, 부상

(위) 청산리전투 상상화, (아래) 청산리전투 기념비

자는 2,100여 명 정도라고 합니다. 청산리 전투에서의 승리는 지형을 이용한 독립군의 전략 전술, 압수한 우수한 무기, 만주 동포들의 절대적인 지원 등이 요인이라고 해요.

신흥무관학교

신흥무관학교는 일제강점기 간도 지방에 있었던 우리 민족의 군사학교예요. 1910년 항일 결사 단체 신민회를 주도한 이회영, 이시영 형제와 많은 독립운동가가 독립군 양성을 목표로 설립했어요. 첫 이름은 '신흥강습소'였으며, 여러 이름으로 불리다가 1919년 '신흥무관학교'로 바뀌었어요.

간도는 압록강과 두만강 너머 중국 지린성 동남부에 자리한 지역으로 19세기 중반부터 조선인 이민자들이 개척한 땅이에요. 우리나라와 중국 간 분쟁이 있었으나 1907년 일본과 청나라가 맺은 '간도협약'으로 중국에 귀속되었어요.

1919년 3·1운동의 열기는 국내뿐만 아니라 한인들이 있는 곳이면 세계 어디에서나 확인할 수 있었어요. 특히, 중국 동북 지역의 3·1운동 열

더 알아보기 신민회

1907년에 국내에서 결성된 항일 비밀결사이며 1911년에 105인 사건으로 해산되었다. 안창호, 양기탁, 이승훈 등을 중심으로 이동휘, 윤치호, 이동녕, 이회영, 신채호, 이상재, 오천석, 남형우, 김립, 정재관, 장도빈 등이 신민회에 참여한 주요 인사들이었다. 대체로 평안도(서북 지방)의 기독교 인사들이 중심이 되어 활동하였다. 이 시대 항일 단체의 목표는 당연히 국권 회복이었다.

신민회는 실력 양성의 방법을 통하여 국권을 회복하고자 하였다. 또한, 이 당시 항일 단체 중 최초로 민주 공화정체의 국민 국가의 건설을 목표로 하였다. 경술국치로 국권을 상실하자 신민회는 1910년 12월, 신민회 전국 간부 회의를 열며 국외 독립군 기지 장소를 구체적으로 확정하고, 대일 무장 투쟁을 공식노선으로 채택했다.

즉, 만주 서간도에 신(新) 영토로서 토지를 구입하고, 여기에 무관학교를 세워 기회가 오면 독립전쟁을 일으켜 국권을 회복할 것을 최대의 목표로 삼았다. 이에 따라 각 도 대표들은 지역으로 돌아가 서간도에 갈 이주민과 군자금 모집에 착수했다.

신흥무관학교 옛터

기도 당연히 간도 지역을 중심으로 퍼져 나갔어요.

　3·1운동의 영향으로 신흥무관학교를 찾아오는 청년들로 넘쳐나자 기존 시설만으로는 학생들을 수용하기가 턱없이 부족했어요. 따라서 조선인이 많이 거주하고 교통이 편리한 유하현 제3구 고산자가(孤山子街)로

본부로 옮기고 기존에 있던 학교는 분교로 삼았어요. 마침내 1919년 5월 3일 임시로 빌린 양조장 건물에서 고산자 신흥무관학교의 본교 개교식을 가졌으며, 통화현 신화향 쾌대무자(快大茂子)에도 분교를 두어 모두 세 개의 무관학교를 운영하는 체제로 바꾸었어요.

신흥무관학교는 중등교육과 군사교육을 병행했고, 6개월 훈련코스와 3개월 훈련코스, 일반인을 대상으로 한 1개월 코스도 있었어요. 1920년 폐교할 때까지 졸업생 2,000여 명을 배출해 독립군 양성에 크게 이바지한 곳이랍니다.

현재는 새롭게 개교했던 신흥무관학교의 터만 남아 있어요. 고산자에서 약 9km 동쪽에 자리한 신흥무관학교 터로 추정되는 곳에는 오래된 나무들이 남아 있어요. 하지만 그 외의 여러 흔적은 철거되어 찾을 수 없다는 점이 아쉬워요.

선생님이 들려주는
중국 속 우리 역사 이야기

중국 속 우리 역사 이야기

저장성

자싱 김구 피난처 ┈┈➡ 신라태자관 ┈┈➡ 고려사관

자싱 김구 피난처

윤봉길의 의거 직후 일제의 검거를 피해 대한민국 임시정부 또한 여러 장소로 이동하게 되었어요. 이때 저장성 자싱으로 피신한 김구가 피난처로 이용했던 건물이 바로 '자싱 김구 피난처'예요.

김구 피난처 입구

1932년 4월 29일 홍커우 공원에서 윤봉길 의사의 의거가 일어났어요. 의거 직후, 일본영사관 경찰이 대한민국 임시정부가

126

있는 프랑스 조계지로 들이닥 쳤어요. 이들은 한인들의 거주 지역과 임시정부청사를 급습해 여러 문서를 압수해 갔어요.

김구 선생님도 이때 몸을 피할 수밖에 없었어요. 김구 선생님은 미국인 목사 피치 박사의 집으로 몸을 숨겼어요. 그리고 안창호 등 독립투

김구 피난처 내 김구 흉상

사들을 구하려는 노력을 전개했고, 자신이 주모자임을 밝혔어요.

이러한 활동을 하는 동안 김구의 피신처가 일제 측에 발각되고 말았어요. 김구는 피치 박사의 도움으로 자싱이라는 곳으로 무사히 피신하였어요. 그 흔적이 '자싱 매만가 76호'에 남아 있어요. 이곳은 남호라는 호수와도 연결되어 있어 만일의 경우 배를 타고 피신하기에도 적합했어요.

김구는 자싱에서 '장진구' 또는 '장진'으로 이름을 바꾸었으며 신분을 중국 광둥 출신으로 위장했어요. 자싱까지 일제가 수색망을 넓혀 오자 김구는 다시 다른 곳으로 피신했어요.

해방된 후 김구의 둘째 아들 김신이 이곳을 여러 차례 방문했어요. 그는 이곳을 비롯한 자싱 지역이 1930년대 김구의 피난지였으며, 임시정

부 요인들과 가족들이 지냈던 곳임을 확인해 주었어요.

현재 이곳은 김구를 비롯한 임시정부와 관련된 기념관으로 조성되어 있어요. 이 건물은 대대적인 보수 공사를 진행해 2006년 5월 27일 일반인에게 개방했어요. 1층에는 전시관을, 2층에는 그 시기 김구 선생의 침실을 볼 수 있어요.

신라태자관

중국 저장성 원저우시에는 신라산이라는 곳이 있는데, 그곳에 신라 신을 모시는 신라태자관(新羅太子館)이 있어요. 이곳에 모셔진 신라 신의 존재를 믿으면 병이 낫거나 길 잃은 아이를 찾는 데 효능이 있는 것으로 알려져 있어요. 이 지역 도교 신자들은 개인적으로 중요한 일이 있을 때마다 이곳을 찾아 향불을 올린다고 해요.

신라태자관의 신라 신은 용포를 입고 있으며 수염이 길어요. 오른손에는 부채, 왼손에는 책을 들고 있고, 옆에는 청룡검도 놓여 있어요. 이 신라 할아버지는 예부터 이 지역의 수호신이었다고 해요.

기록에 따르면, 신라국 태자가 바다를 건너 당나라로 들어오다가 핑양(平陽) 앞바다에서 풍랑을 만나 익사했어요. 이후 신라 태자의 영혼이 나타나 지역 사람들을 돕기 시작했고, 지역 사람들이 그를 받들어 사당을

원저우시 핑양현 신라산에 있는 신라 태자상

짓고 제사를 지내기 시작했대요. 명청 시대에는 그 주인공을 태자 대신 국왕으로 기술한 기록도 있어요.

원나라에서는 1322년 이 신라 신에게 '충의영제위혜광우성왕(忠義靈濟威惠廣佑聖王)'이라는 봉호를 내렸어요. 지역에서만이 아니라 조정에서도 인정받는 신앙의 대상이 된 것이에요.

신라인은 당시 왕성한 해상 활동을 전개하며 여러 나라와 교류했어요. 장보고 세력은 동아시아 해역의 주도권을 장악기도 했지요. 이곳은 해류 등의 영향으로 한반도에서 표류한 배가 자연스럽게 흘러오는 곳이기도 해요. 이러한 교류 흔적이 곳곳에 지명으로 남아 있어요. 항구도시 타이저우만 앞바다 섬에는 '고려두산(高麗頭山)'이라는 바위섬이 있는데 고려로 향하는 선박들이 지표로 삼았다고 해요.

중국 사람들이 신라 신에게 자신과 가족, 마을의 안위를 기원할 수 있었던 것은 당시 신라인에 대한 당나라인들의 인식이 매우 좋았다는 것을 의미하지 않을까요?

고려사관

중국의 산둥성 일대가 그렇지만 저장성의 닝보라는 도시 또한 고대부터 우리나라와 교류가 많았던 곳이에요. 진시황 시절에 불로초를 찾아떠난 곳이기도 하답니다.

닝보는 북송 시대 주요 항구였어요. 북송은 문물을 장려하여 물자가 풍족했어요. 당시 북송의 GDP가 유럽의 몇 배에 이를 정도였고, 이를 바탕으로 고려와의 해상 무역도 활발하게 진행하였어요. 그렇기에 닝보에 '고려사관(高丽使馆)'이라는 건물이 있어요. 고려에서 온 사신들이 머물렀던 곳이에요.

본래 닝보에서 물의 흐름을 타면 우리나라 서해안 남쪽과 남해안으로 도착을 한다고 합니다. 하지만 고려 시대에는 닝보와 우리나라 개성 쪽으로 배편이 연결되어 있었어요. 이로 인해 닝보에 사는 사람들이 개성

(위) 고려사관 입구, (아래) 고려사관 내 한글 안내판

에 쉽게 올 수 있었어요. 그래서 우리나라의 성씨 중에서 중국에서 온 성씨가 많아지는 상황이 되었답니다.

고려사관은 건물 한 채가 전부입니다. 하지만 고려 시대, 중국과의 활발한 해상 무역을 상징하는 역사적인 건물이라는 점에서 의미가 있어요.

고려사관 인근에는 천일각이 있어요. 명나라 때 관리를 지낸 범흠이 자신이 소장한 책을 보관한 장소입니다. 이곳에는 30만 권 정도의 장서가 보관되어 있어요.

또, 고려사관 바로 옆에는 수칙비가 있어요. 수칙비는 대운하에서 연결된 닝보에 설치된 수문관측소예요. 송나라 시대인 1258년에 건설되었으니 약 천년이나 된 시설이에요. 물의 높이를 확인해서 수문을 열어 홍수를 조절했다고 해요. 당시에 이런 시설을 이용할 수 있었다니 대단한 능력이 아닐 수 없어요. 배수로가 안쪽의 월호(위에후)와 연결되는데 이곳에는 청나라 말기 고관대작들의 저택들이 아직도 남아 있어요.

선생님이 들려주는
중국 속 우리 역사 이야기

중국 속 우리 역사 이야기

상하이시

상하이 대한민국 임시정부 유적지 ┈▶ 루쉰공원(훙커우공원)

상하이 대한민국 임시정부 유적지

　우리나라는 일본으로부터 나라를 빼앗기고 곳곳에서 독립운동을 펼쳤어요. 물론 나라 안에서도 독립운동을 했지만, 일본의 감시가 심했던 상황이라 나라 밖에서 더 활발한 독립운동을 했어요. 대표적인 장소 중 하나가 중국이에요.

　1919년 3·1운동 당시 독립선언을 계기로 중국에서 활동하던 여러 독립운동 단체들은 조국의 광복을 위해 하나로 힘을 모아 본격적인 독립운동을 하기로 했어요. 그리고 1919년 4월 11일 상하이에 대한민국 임시정부를 수립했어요. 줄여서 임정(臨政)이라고 해요. 대한민국 임시정부의 설립 목적은 경술국치와 그로 인한 식민 통치를 부인하고 한반도 내외의 항일 독립운동 주도와 민주공화국 설립하는 것이에요.

　3·1운동은 1919년 3월 1일부터 수개월에 걸쳐 한반도 전역과 세계

(위) 상하이 대한민국 임시정부, (아래) 상하이 임시정부가 있는 신천지 일대

각지의 한인 밀집 지역에서 시민 다수가 자발적으로 봉기하여 한국의 독립을 선언하고 일본 제국의 한반도 강점에 대하여 저항권을 행사한 비폭력 시민 불복종 운동이자 한민족 최대 규모의 독립운동이에요.

참가자들은 '조선 독립 만세'라는 구호를 앞세워 일본 제국의 무단통치

대한민국 임시정부의 이동 경로

를 거부하고 한국의 독립을 선언하였으며, 이는 민간과 지식인의 반향을 일으켜 대규모의 전국적 시위로 발전하였어요. 시위가 끝난 뒤에도 그 열기는 꺼지지 않고 각종 후원회와 시민 단체가 결성되었고, 민족 교육기관과 여성 독립운동 단체, 의열단 등의 무장 레지스탕스, 독립군 등이 탄생했으며 결국 대한민국 임시정부를 낳았어요.

3·1운동의 결과, 1919년 4월 10일 상하이에서 항일 독립운동가들이 모여 임시의정원을 창설했어요. 여기에서 국호와 정부 형태, 임시헌법 등을 논의하게 되었는데, 국호를 대한민국으로 정하고 이와 함께 대한민국 임시헌장을 제정하였어요. 다음날인 1919년 4월 11일 임시의정원은 대한민국 임시헌장을 제정하고 이승만을 초대 국무총리로 하여 상하이 임시정부를 결성하였어요.

대한민국 임시정부는 1932년 윤봉길 의사의 의거를 계기로 일제의 탄압이 심해지자 항저우로 이동했어요. 이후 광복될 때까지 전장, 한커우,

창사, 광저우, 류저우, 충칭 등 3,000km 정도의 거리를 이동하며 일제와 숨바꼭질을 했답니다.

임시정부의 주석인 김구 선생님은 상하이 각 신문에 윤봉길 의거의 주모자가 김구 본인임을 발표하였어요. 일본의 침입을 같이 받는 상황

항저우 임시정부 기념관

인 중국은 신문 등을 통하여 윤봉길 의사의 의거를 극찬하였어요. 일본군은 김구 선생님을 잡기 위해 혈안이 되어 있었고, 밀정을 활용해 임시정부의 많은 정보를 알아내기도 했어요. 이후 일제에 의해 현상금 60만 원이 걸렸다고 해요.

김구 선생님이 일제에게 수배되자 중국 국민당의 총통인 장제스(장개석)는 국민당 조직부장에게 김구를 보호하도록 하였어요. 김구와 임시정부가 일본군을 피해 다닐 때마다 당시 중화민국 총통인 장제스의 적극적인 도움을 받았고 마지막 충칭으로 임시정부를 옮길 때도 중국 정부의 도움을 받을 수 있었어요.

일본과 항일투쟁하면서 중국 국민당과의 연락 관계가 맺어지기도 하

(위) 충칭의 임시정부 흔적, (아래) 1945년의 환국 기념사진

임시정부 요인들

였고, 광복군 양성을 위하여 우리나라 사람들을 중국의 군관학교에 입학 시킬 수 있게 하기도 하였죠.

임시정부가 있던 곳은 현재 중국에서 손꼽히는 중심 도시이자 관광명 소이기도 한데, 이들 도시의 풍경 뒤에는 우리가 알지 못했던 독립운동 의 역사가 담겨 있어요. 하지만 대부분 임시정부의 흔적이 사라져 현재 는 볼 수 없는 곳이 많아요. 임시정부의 흔적이 가장 잘 보존된 곳은 상 하이, 항저우, 충칭이에요.

1945년 일본이 연합군에게 항복했고 우리나라는 독립을 맞았어요. 이 로 인해 임시정부의 중요한 인물들이 우리 땅으로 돌아올 수 있었어요.

임시정부 중요 인물들이 모여 국무회의를 개최하고, 정부로서 활동한

경교장 모습

곳이 바로 '경교장'이에요. 1945년 12월 28일 모스크바에서 3개국 대표가 모여 회의(모스크바 3국 외상 회의)를 열었어요. 이 회의에서 한국에 대해 신탁통치를 결정하였는데, 우리의 뜻과는 상관없이 38도선을 경계로 남과 북을 각각 미국과 소련(지금의 러시아 지역에 있던 공산 국가)이 나눠 통치한다는 결론이 내려졌어요.

국내의 여러 혼란 등으로 임시정부의 내각과 정책이 대한민국 정부 수립으로 계승되지 못한 점은 너무 아쉬워요. 하지만 대한민국 임시정부는 민주주의를 기본으로 한 국가 체제를 갖추고, 해방될 때까지 민족 독립 운동의 선두에 서서 자신의 역할을 충실하게 수행했어요. 다른 나라에서 일본의 감시를 피해 조국 독립을 위해 헌신하신 독립운동가들을 존경하는 마음을 가져야겠어요.

루쉰공원(훙커우공원)

루쉰공원 내 루쉰 기념관

윤봉길 의사 덕분에 유명해진 루쉰공원은 과거에는 훙커우공원으로 불렸어요. 훙커우 축구 경기장도 옆에 같이 있어요. 막상 공원을 찾아가면 생각보다 한산해요. 우리에게는 역사적인 현장이지만, 이곳 현지인들에게는 휴식 장소이기도 하니까요.

루쉰공원은 1896년 상하이 공동조계 관청이 있었던 장소

윤봉길 기념관 입구

인데 조계지 밖에 있던 농지를 취득하여 조성되었어요. 처음에는 '홍커우오락장'이라 불렸으며, 영국 원예가에 의해 설계되었기 때문에 서양식 정원 양식을 지니고 있어요.

1922년에 홍커우공원으로 개칭되었으며, 1937년에는 중·일전쟁으로 일본군에 의해 공원 내 건물들이 파괴되었고, 1942년에는 일본군의 군사용지로 사용되었어요. 일본이 패망하고 철수한 1945년에는 중국 국민당의 장제스에 의해 '중정공원'으로 개칭되었지만, 1950년 다시 옛 이름을 찾아 홍커우공원으로 불려요. 이후 중국의 유명한 문학가인 루쉰(1881~1936년) 선생의 75주년을 기념하여 1956년 루쉰의 묘를 이곳으로 옮기고, 1988년에 루쉰공원으로 고쳐 부르게 되었어요.

루쉰은 중국 저장성 출신의 소설가이자 인민사상가로도 유명한데, 본명은 저우수런(周樹人)이에요. 대표작으로는 한국 사람들에게도 유명한 『아큐정전(阿Q正傳)』과 『광인일기(狂人日記)』 등이 있어요.

공원 입구에 들어서면 바로 정면 쪽에 루쉰의 동상이 있고 루쉰 기념관이 있어요. 루쉰 기념관 1층에는 행사장이 있어 문학 행사를 주최하는 공간과 루쉰이 작업했던 방들을 재현해 놓았어요. 2층에는 루쉰의 작품과 루쉰이 살던 시대의 모습들이 나타나 있어요. 중국인들이 가장 존경하는 문학가와 관련된 자료들을 잘 보존하는 모습들이 보여요.

루쉰공원에는 윤봉길 의사의 기념관이 있는 정원 매원(梅園)이 있어요. 루쉰 기념관에서 나오면 바로 방향을 가리키는 팻말에 "윤봉길기념관"이라는 한글이 보여요.

대한민국 임시정부의 총리인 김구 선생님은 1932년 4월 29일 상하이의 훙커우공원에서 열리는 일본 천황의 생일 행사와 상하이 점령 전승 기념행사에서 폭탄을 터뜨릴 계획을 세웠어요. 협의 끝에 윤봉길 의사가 도시락과 물병으로 꾸며진 폭탄을 투척하기로 하고 이를 실행했어요. 당시 국민당 총통인 장제스는 "중국 100만 대군도 못한 일을 조선 청년이 해냈다."라고 격찬하면서 대한민국 임시정부 활동을 지원해 주었어요.

이 일은 조선인의 독립 의지를 세계만방에 알린 사건이 되었지만, 이로 인해 대한민국 임시정부는 일본의 탄압을 피해 피신하게 되었고, 1945년 해방될 때까지 중국 남부지역을 떠도는 계기가 되었어요. 윤봉

매헌 입구

길 기념관의 티켓을 사서 나오면 보이는 건물이 윤봉길 의사의 기념관인 '매헌(梅軒)'이에요. 윤봉길 의사의 호를 딴 이름으로 약 20여 평의 정자 형태 2층 목조 건축물이에요.

기념관 외부에는 윤봉길 의사의 전언과 출생 및 국내 활동, 조국 광복 등의 내용이 담긴 입간판이 세워져 있어요. 기념관 1층에 들어가면 정면에 흉상을 비롯해 의거의 성과와 영향, 조국의 광복 등에 관한 내용으로 채워져 있어요.

한쪽에는 의거 당일 아침 한인 애국단장 김구 선생의 시계와 맞바꾼 윤봉길 의사의 시계가 있어요. 이 시계에는 가슴 아픈 이야기가 담겨 있답니다. 윤봉길 의사는 폭탄을 투척하기 전, 이미 자신이 살아 돌아올 수 없다는 것을 알고 있었어요. 그래서 김구 선생과의 마지막 조찬 자리에서 서로의 시계를 바꾸자고 제안하며 이런 말을 했다고 해요.

"이 시계는 6원 주고 산 시계인데, 선생님의 시계는 2원짜리이니 제 것

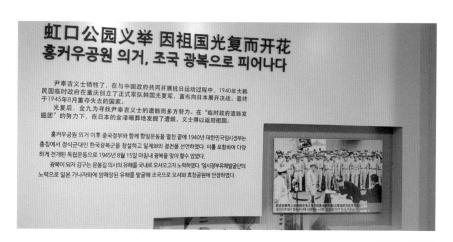

매헌 내 전시물

과 바꿔 주십시오. 제 시계는 앞으로 몇 시간밖에 쓸 수 없으니까요."

　의거로 인해 총사령관 시라카와, 상하이 일본 거주민 대표였던 가와바타 등이 죽었고, 제3함대 사령관 노무라, 제9사단장 우에다, 중국 주재 일본 영사 시게미쓰 등이 중상을 입었어요.
　2층은 영상물 상영과 교육 장소로 활용되고 있어요.

선생님이 들려주는
중국 속 우리 역사 이야기

중국 속 우리 역사 이야기

광둥성

황포군관학교 ⋯▶ 동산백원 ⋯▶ 동정진망열사 묘역

황포군관학교

광둥성은 중국의 남부에 자리한 곳이라 기후는 우리나라와 크게 달라요. 이곳에 사는 어떤 분은 평생 눈을 한 번도 못 봤다고 할 정도로 겨울에도 기온이 영하로 거의 내려가지 않을 정도로 겨울에도 꽃이 활짝 피는 온난한 기후를 가지고 있지요.

광둥성의 성도인 광저우는 중국에서도 큰 도시예요. 중국에서는 도시의 여러 방면을 고려해 그룹으로 묶어서 이야기하는데, 그중 손꼽히는 '일선도시(一线城市)'에 속하는 광저우에는 옛날부터 아편전쟁 등 많은 역사적 사건이 일어난 곳이기도 하지요.

우리나라에서 멀리 떨어져 있는 광둥성 광저우에서는 우리 역사의 어떤 흔적이 남아 있을까요?

우리나라가 일본의 침략을 받았을 때, 일본의 핍박을 피해 잠시 중국에서 임시정부를 꾸리고 다시 우리의 주권을 되찾기 위한 노력을 하고 있었어요. 그때 중국도 일본에 대항하기 위해 군사훈련을 열심히 했었죠. 그때 육군군관학교가 광저우의 황포라는 지역에 생겼어요. 지금의 군사간부학교 같은 곳이에요. 이때 70명이 넘는 조선인들도 이 학교에 다니며 군사력을 키우고 군사 간부가 되어 일본에 대항하고자 했지요.

선생님이 광저우에서 5학년 학생들을 가르치며 우리 역사를 배울 때, 역사 탐방으로 이곳을 찾아갔어요. 지금은 '황포군관학교'라고 불리는 이 학교 앞에는 학생들 명단이 적혀 있는데 여기서 조선인 학생들의 이름을 찾아볼 수 있답니다. 이 조선인 학생들은 훗날 한인 정규부대인 '조선의용대'를 창설하고 신흥무관학교에서 활동하는 등 우리나라의 독립을 위해 큰 역할을 했어요.

황포군관학교 학생 명단에서 찾은 조선인

현재 복원되어 잘 관리되고 있는 학교에 가 보니 그 당시 학생들이 이 학교에서 어떻게 지냈을지 조금 짐작이 갔어요. 여러분이 만약 우리나라를 위해 싸우고자 군사학교에 다니고 있는 학생이었다면 어떤 마음으로 학교에 있었을 것 같나요?

황포군관학교 앞에서 반 학생들과 함께

여러분이 가진 그 마음 만큼 비장한 기운이 느껴졌어요.

선생님이 직접 찍은 사진을 보면 교실 칠판에는 무엇인가 잔뜩 쓰여 있었어요. 군사 배치, 무기 등 군사 작전을 설명하는 글이 쓰여 있는 것 같았어요. 이렇게 중국에서 군사 간부를 기르기 위한 중국의 육군군관학교에 우리 조선인 학생들이 있었다는 게 신기하지요?

선생님과 함께 갔던 학생들이 책상에 앉아 있으니 그 당시 이렇게 수업했겠구나, 그려졌어요. 먼 타국의 기숙사에서 잠을 자며 무슨 생각을 했을까요?

황포군관학교 기숙사와 교실

동산백원

사진에서 닫혀 있는 문의 건물은 무슨 건물일까요? 선생님과 학생들은 이곳을 왜 찾아갔을까요? 이곳은 광저우시 동산커우(东山口)에 있는

광저우 피난 당시 대한민국 임시정부 청사로 쓰였던 동산백원

동산백원

동산백원이라고 불리는 곳이에요. 선생님이 처음 이곳에 찾아갔을 때는 안타깝게도 안에 들어갈 수가 없었어요. 폴짝 뛰어서 담 너머의 건물만 살짝 볼 수 있었지요.

다행히 5학년 학생들과 역사 탐방을 갔을 때, 공사 중인 틈을 타서 안에 들어갈 수 있었어요. 예전에 찍힌 사진 속 건물 앞에 있던 작은 나무가 이제는 하늘을 찌를 듯 자란 것을 보니 세월이 많이 흐른 것을 느낄 수 있었어요.

선생님은 이곳을 왜 찾아갔을까요? 이 건물을 찾아간 이유는 바로 임시정부가 광저우에 있을 당시 대한민국 임시정부 청사로 쓰였기 때문이에요.

임시정부 식구들이 광저우로 피난 와서 있었던 이곳에 그리 오랜 시간 있지는 않았지만, 중국의 남쪽 광저우까지 피난 온 그 어려웠던 상황을 헤아려 볼 수 있어요. 김구 선생님의 백범일지에도 쓰여 있는 이곳은 가정집으로 쓰이다가 지금은 또 다른 공사 중이었어요. 안타깝게도 임시정부로 복원되는 것은 아니고 언어박물관으로 바뀔 예정이라고 해요.

예전에도 이곳은 사라질 뻔했으나 광저우에서 우리 역사를 연구하시는 분께서 1920~30년대의 지도와 여러 자료들을 분석하여 이곳이 광저우 임시정부청사의 위치라는 것을 확인했다고 해요. 광저우 근처 포산에도 임시정부 식구들이 잠시 머물렀던 복경방이라는 곳이 있어요. 곳곳에 숨어 있는 우리 역사의 흔적이 잊히지 않기를 바랍니다.

동정진망열사 묘역

여기 많은 묘비가 있어요. 이 묘비들 중 두 개의 묘비는 조선인 청년들의 묘비로 김근제, 안태 지사의 묘역이에요. 이곳은 광저우에 계신 독립

많은 묘비들

157

동정진망열사 묘역

운동을 연구하시는 강정애 박사님과 사부님에 의해 발견되고 국외 독립
운동사적지로 지정되었어요. 김근제, 안태 두 분은 황포군관학교의 학
생이었으며 이 당시 동정 전쟁에 동원되어 희생되셨어요. 앞에서 황포
군관학교에 대해서 설명했죠?(150쪽) 김근제는 오산학교에 다니다가 만
주로 이동, 황포군관학교에 6기생으로 입학했어요. 안태 역시 중국 대륙
에서 항일투쟁의 발판을 삼기 위해 6기로 입학했어요. 처음에는 같이 간
동료 선생님들과 함께 두 분의 이름을 찾아, 묵념하고 헌화를 했어요. 이
먼 땅에서 우리나라의 독립을 위해 헌신하신 분들이 얼마나 무서웠을까

싶었지요. 돌아가셔서도 고국에 가지 못하신 것이 마음이 아팠어요. 모르면 그냥 지나칠 수 있는 이 묘비들에도 우리나라를 위해 희생하신 분이 묻혀 있어요.

조선인 청년의 묘비

다시 5학년 학생들과 이곳을 방문했을 때 학생들이 정말 안타까워하는 모습이었어요. 우리나라에서 멀리 떨어져 있는 광둥성에서도 우리의 이전 역사 흔적을 찾을 수 있다니 가슴이 뛰지 않나요?

선생님이 들려주는
중국 속 우리 역사 이야기

중국 속 우리 역사 이야기

광시좡족자치구

낙군사 ···▸ **어봉공원** ···▸ **유후공원**

낙군사

  광둥성 바로 왼쪽 옆에는 광시쫭족자치구(广西壮族自治区)라는 지역이 있어요. 이곳의 특징은 카르스트 지형으로 봉긋봉긋한 봉우리들이 있다는 거였어요. 카르스트 지형은 석회암이 녹아서 생긴 건데, "계림산수 갑천하(桂林山水甲天下)"라는 말이 있을 정도로 광시에 있는 구이린(桂林)이 아름다운 카르스트 산으로 유명하지요. 카르스트 봉우리들이 봉긋 봉긋했던 이국적인 풍경의 광시쫭족자치구 류저우시에서도 우리 독립운동 역사의 흔적을 꽤 많이 찾을 수 있었어요.

  사진 속 이국적인 느낌의 노란색 예쁜 건물은 낙군사라는 곳인데, 예전에는 여관으로 쓰였다고 해요. 2006년에 복원되어 지금은 류저우 임

❶, ❷ 낙군사 전경
❸, ❹ 2층 전시실
❺ 류저우 피난 열차 (그레이엄베이크 그림)

시정부 항일투쟁 활동 진열관으로 사람들에게 공개되어 있어요. 감사하게도 중국 류저우 땅에 우리나라의 역사가 전시되어 있고 간판에도 한국어가 떡하니 적혀 있지요.

전시관을 관리하시는 분도 직접 찾아온 한국인에 놀라는 눈치였어요. 1층에는 당시 조선을 도와준 중국인 위주로 설명 및 전시가 되어 있었고, 사무실과 침실을 재현해 놓았어요. 2층은 류저우에서의 독립운동뿐만 아니라 대한민국 임시정부의 역사로 가득 차 있었어요.

류저우에서 독립운동가들은 한국광복진선청년공작대 아동극단을 결성했어요. 극단을 만든 이유는 공연을 통해 전쟁으로 지친 사람들에게 힘을 주고 우리 문화를 이어가려고 하신 것이지요. 또한, 항전 모금공연을 하면서 번 수익금을 다친 장병들에게 기부했어요. 선생님은 여기서 꼭 총과 칼을 들고 싸우는 것만이 독립을 위한 일이 아니라는 것을 느낄 수 있었어요.

이 밖에도 류저우에서 한국의 독립선언 20주년 선언문을 발표하고 다양한 독립운동 단체들이 함께 활동했어요. 20주년 선언문 발표는 류저우에 있는 룽청중학교 강당에서 열렸는데 선생님이 지금 그 중학교를 찾아가 보니 비슷한 오래된 건물이 있긴 했답니다. 낙군사 2층에는 이러한 내용과 대한민국 임시정부가 상하이에서부터 시작해서 어떤 과정을 거쳐 류저우에 왔는지 등이 자세하게 적혀 있었어요.

류저우로 오는 피난 열차 모습을 그린 그림(그림 ❺)은 외국인의 눈에서 보았을 때 엄청났을 거예요. 얼마나 열악한 상황에서 폭격을 피해 이동했을지 알 수 있었어요. 이렇게 일본에게 투쟁하기 위해 류저우까지 온 사람들이었답니다.

어봉공원

"피융~ 피융~!" 하늘에서 폭탄이 떨어진다면 여러분은 어디로 숨을 건가요? 생각만 해도 무서운 일이에요. 중국에서도 계속된 일본의 공격을 피해 피난을 가던 임시정부 사람들이 일본군의 폭격을 피해 숨은 곳은 바로 '동굴'이에요. 이곳 지형의 특성상 중간중간 있는 언덕과 봉우리가 많아 숨기 좋았을 거예요.

숨어 있던 동굴은 어떤 모습일까요? 선생님도 궁금한 마음에 동굴

어봉공원 비석

어봉공원에 개방된 동굴의 입구

이 있는 류저우의 어봉공원을 찾았어요. 물고기 입을 본떠서 이름 붙여진 '어봉'공원에서 흔적을 찾고자 했어요.

선생님은 잠깐 동굴에 들어가 있으면서 천장에 붙은 박쥐 떼를 보고 깜짝 놀랐어요. 당장 뛰쳐나올 수밖에 없었지요. 이곳에서 폭격을 피하고 빛도 없는 어둠 속에서 있었을 임시정부 가족들을 생각하면 마음이 아팠답니다. 나가고 싶어도 나갈 수 없는 상황과 밖은 더 무서운 폭격들로 끔찍했던 그때 오직 우리나라의 독립을 위해 그렇게 버티고 버텼을 거예요.

여성 독립운동가인 정정화 여사의 회고록인 『장강일기』에는 류저우까지 가는 길이 나와 있어요. 나무로 된 배를 거의 끌다시피하여 겨우 류저우에 닿았다는 이야기예요. 류저우까지 가는 것도, 가서도 쉽지 않았어요.

유후공원

　류저우에서 찾은 또 다른 공원은 유후공원이에요. 바로 음악당 앞 정자를 찾기 위해서였죠. 여기서 찍힌 사진 한 장을 따라간 곳이었어요. 그 사진은 한국광복진선청년공작대가 음악당 앞에서 찍은 사진이에요. 한국광복진선청년공작대는 중국에서 결성된 단체로 대한민국 임시정부 때 후방에서 일제의 억압을 알리는 일을 했던 단체입니다. 그들의 결연한 의지가 담긴 사진을 따라온 공원의 작은 곳에서도 우리 역사의 흔적을 발견할 수 있었어요.

유후공원 음악당

선생님이 들려주는
중국 속 우리 역사 이야기

중국 속 우리 역사 이야기

쓰촨성

토교촌 ⋯▶ 이동녕 선생 거주지 ⋯▶ 마지막 임시정부청사

⋯▶ 한국광복군총사령부 ⋯▶ 치장박물관

토교촌

중국의 큰 도시 중 하나인 충칭! 충칭(重庆)은 중국에서도 덥기로 유명한 곳이에요. 그리고 충칭은 중·일전쟁 당시 많은 폭격을 받아서 폭탄을 피하기 위한 많은 방공호가 있었답니다. 지금은 이렇게 선생님이 충칭 훠궈를 먹은 식당처럼 예전에 있던 방공호를 개조해서 만든 식당들이 많지요. 땅속으로 들어가는 지하 식당 어떤가요?

그리고 충칭 근처인 쓰촨성과 후난성, 구이저우성 이렇게 3개의 성은 아주 매운 음식으로도 유명하답니다. 그러면 날씨도 음식도 모두 뜨거운, 중국의 4대 화로로 불리는 충칭에는 우리의 어떤 역사적 흔적이 남아 있을까요?

돌고돌아 상하이부터 광저우, 류저우…, 충칭에 도착한 대한민국임시정부 식구들은 마침내 땅하나를 빌려 마을을 개척했어요. 그 마을이 바로 토교촌이에요. 2022년 여름에 선생님은 광저우 한국학교의 동료 선생님들과 함께 토교촌에 갔어요. 그런데 토교촌이 어딘지 찾기 쉽지 않았어요. 중국에서 덥기로 유명한 충칭의 여름, 체감온도가 40도가 넘는 날 결국 토교촌 터를 찾고 비석을 발견했어요. 지금은 공사장이 된 우리 조상들의 터를 보니 얼마나 힘들게 지냈을지 그려졌답니다.

토교촌을 알리는 비석은 세월의 흔적이 묻어 나뭇가지들과 넝쿨들로 덮여 있었어요. 토교는 흙다리라는 뜻이에요. 이 흙다리 밑에서 사람들이 빨래도 하고, 밥도 지어 먹고 아이들은 개울가에서 놀았을 거예요.

이제 임시정부 가족들이 살았던 마을의 흔적은 볼 수 없지만 토교촌에 대한 내용은 여러 기록물에 남아 있어요. 토

방공호를 개조한 훠궈집

한인 거주 옛터 비석

교촌에서 어린 시절을 보냈던 한 할머니의 회상도 방송에서 본 적이 있
어요. 3.1유치원이라는 곳을 열어 부녀자들이 어린이들을 가르치기도 했
지요. 어려운 상황에서도 삶을 가꾸어 나가셨을 마을 터에 와 보니 조상
님에 대한 존경심이 저절로 들어요.

이동녕 선생 거주지

　이동녕 선생님은 약 27년간 대한민국임시정부의 주석을 맡으셨던 분이에요. 그 밖에도 신흥무관학교 소장을 맡아 독립전쟁을 위한 준비를 하시고 신민회를 조직하고 민족 교육을 하시는 등 우리나라의 독립을 위해 큰 노력을 하신 분이지요.

김구 선생님이 정말 존경하셨다는 이동녕 선생님. 충칭에 마지막 임시정부가 있을 때 이동녕 선생님께서 사셨던 거

이동녕 선생 (가운데)

이동녕 선생 거주지

주지를 찾아갈 수 있었어요. 그러나 멀리서 본 집은 너무 허름해서 마음
이 아플 정도였어요.

허름한 이층집. 크기도 한 사람이 겨우 누울 정도의 크기였답니다. 당
시 주석이셨던 선생님의 거주지가 이 정도면 다른 사람들은 어떻게 살았
을지 여러분 짐작이 되나요? 지금 이곳은 중국인의 개인 사유지예요. 다
행히 터와 건물이 남아 있기는 하지만 언제든 없어질 수 있어서 우리의
관심과 노력이 더욱 필요해 보입니다.

마지막 임시정부청사

여러분이 임시정부청사라고 하면 잘 알고 있을 만한 곳은 앞에서 이야기했던 상하이 임시정부청사일 거예요. 그리고 조금 더 관심이 있는 친구라면 알 만한 곳이 바로 이곳이지요. 2019년 대한민국 건국 100주년 당시 문재인 대통령과 많은 사람이 이곳을 찾아와서 사진을 찍기도 했어요.

충칭 임시정부 내부

충칭 시기의 임시정부는 마지막 임시정부청사였어요. 상

충칭 임시정부청사 계단에서

하이에서부터 여러 장소를 지나 마지막 충칭까지 오게 되었지요. 이때 중국 정부의 도움으로 이 터에 자리 잡을 수 있었어요. 광복이 되고 한참 이후 1995년에 1차 복원, 2000년도에 2차 복원으로 지금과 같은 모습을 하게 되었어요.

선생님은 8월 15일 광복절을 맞이해 같이 근무하는 선생님들과 이곳을 찾았어요. 한국에서부터 준비해 온 한복을 입고 대한민국 임시정부의 마지막 청사인 충칭 임시정부청사를 찾으니 매우 감격스러웠답니다.

광복

8월 15일은 광복절이죠. 광복절은 일제강점기였던 어둠의 시대에서 벗어나 빛을 되찾은 날이에요. 그래서 '빛 광(光), 되돌릴 복(復)' 광복절이라고 불러요. 선생님은 잠시 어둠이 왔을 뿐 다시 예전처럼 빛을 찾았

다는 말이 참 예쁜 것 같아요. 1945년 8월 15일 미국으로부터 원자폭탄
을 맞은 일본 제국은 항복을 선언해요. 그때 일본의 식민지였던 조선이
일본의 강제 점령에서 벗어나게 된 것이죠.

당시 충칭에 있었던 대한민국 임시정부에서는 어땠을까요? 기쁜 소식
을 듣고 이제 임시정부가 아닌 정식 정부로 대한민국을 건국하려고 했겠
죠. 하지만 이상하게도 임시정부 사람들은 우리 땅으로 바로 갈 수가 없

마지막 충칭 임시정부청사에서 떠나기 전 찍은 사진

었어요. 우리나라는 정부가 없는 상태로 간주되어 모스크바 3국 외상회의에서 미국, 소련, 영국의 결정으로 38도선을 기준으로 미국과 소련의 신탁통치(대신해서 통치)를 받게 돼요. 정말 안타깝죠? 우리의 주권을 우리가 스스로 되찾지 못하다니 이것보다 안타까울 수가 없어요.

지금까지 선생님이 들려 준 이야기처럼 중국에서 임시정부가 이동하며 있었던 이야기들과 대한민국의 뿌리가 되는 대한민국임시정부에 관심이 더 생긴다면 선생님이 직접 가볼 때 참고한 『임정로드 5000km』라는 책을 추천할게요. 마음으로 임시정부의 사람이 되어 상하이에서부터 충칭까지 마음속으로 따라가 보기 바랍니다.

한국광복군총사령부

    충칭 임시정부에서 조금만 가면 가까운 곳에 한국광복군총사령부가 있었어요. 한국광복군을 조직하여 독립을 위해 군사 작전을 준비하고 있었고, 충칭 총사령부에서 '조선의용대' 설립을 기념하기도 했어요.

    그 한국광복군 총사령부의 역사를 모아놓은 이곳에는 중국이 일본에 대항하기 위해 싸울 때 도와준 군관학교의 군인 중 조선인 학생 23명이 있었다는 기록도 남아 있는 등 여러 군사적 역사가 진열되어 있어요.

    중국에서 임시정부를 세워 외교적으로도 큰 노력을 했고, 중국 곳곳에서 군사훈련을 받은 조선인 학생들이 많을 정도로 군사적으로도 많은 노력을 했어요. 저 멀리 중국 윈난성에도 한인 청년들이 입학해서 군사훈련을 받았고 육군군관학교 분교에서는 한인 특별반을 만들 정도였답니다.

한국광복군총사령부 역사진열관

이렇게 우리 조상님들은 국가의 독립을 위해 전쟁까지 준비하시며 여러 방면에서 큰 노력을 하셨어요. 이 장소는 한국광복군이 설립되었던 장소는 아니지만, 이곳에 기념관을 만들고 긴 시간 끝에 복원했어요.

우리나라와 중국 모두 일본에 저항했던 시기라 중국 땅에 있는 우리 독립군들에게 협조해 주는 모습도 전시되어 있어요.

정말 중국 속에 우리가 몰랐던 우리의 흔적이 많지 않나요?

치장박물관

충칭시 근처 남쪽에 치장(綦江)이라는 지역에 가면 치장박물관이 있어요. 중국 지역 박물관에 우리 역사의 흔적이 있을까요? 고맙게도 2층 한 편에 우리 임시정부와 역사를 전시해 두고 있었어요. 꽤 많은 부분을 우리나라의 역사가 전시되어 있어서 놀랐답니다.

앞에서 본 임시정부 가족들이 살았던 토교촌을 복원해 놓은 모형도 있었어요. 1939년 3월부터 1940년 9월까지 임시

치장박물관 전경

정부 가족들이 머물렀던
치장에서의 기록들이 남
아 있어요.

제시의 일기

치장박물관에서 당시
살고 있었던 조선인들의
명단도 볼 수 있는데, 3
살 아이를 발견했어요.
숫자 '3'이 눈에 띕니다.

박물관 한편에 마련된 치장의 대한민국 임시정부 기록

이 아이는 누구일까요? 바로 그 당시 임시정부 요원이었던 양우조와 최
선화의 아이 양제시예요.

이 3살 아이가 어떻게 알려지게 되었을까요? 제시는 임시정부가 피난
을 가던 당시 태어난 아이로
제시가 태어날 때부터의 육아
일기가 지금까지 남아 있던
덕분에 우리 임시정부가 어떤

조선인 명단에서 찾은 제시

대한민국 임시 정부 수립
100주년 특별판!

제시의 일기책과 만화 중 일부

과정을 통해 이동했는지 알게 되는 데 많은 도움이 되었어요.

제시의 육아일기는 『제시의 일기』라는 책으로 세상에 나오게 되었고 이렇게 만화 버전도 있으니 읽어본다면 자연스레 임시정부가 어떤 과정을 통해 이동했는지 알 수 있을 거예요.

그리고 또 자연스레 드는 생각은 이렇게 어린아이들도 함께 피난 다니며 고생했다니 정말 대단하지요? 여러분이라면 할 수 있을 것 같나요?

중국 속 우리 역사 이야기

그 외 지역

후난성, 산둥성, 허베이성, 구이저우성

창사 ⋯→ 적산법화원(장보고기념관) ⋯→ 청더(열하) ⋯→ 묘족 마을

창사

선생님은 광저우에서 후난성의 성도인 창사(长沙)까지 기차를 타고 주
말여행을 했어요. 중국은 전역에 까오티에라고 하는 고속열차를 운영하

후난성의 음식

여 연결하고 있고 현재 37,900km 이상의 노선이 있어요. 선생님도 그 고속열차를 타고 700km나 떨어진 창사에 3시간 정도 만에 도착했어요. 이 여행은 특별하게 선생님의 중국인 친구들과 함께 갔었어요. 후난성은 중국의 남부에 자리해 있고 후난 요리는 고추를 많이 넣는 매운 음식으로 유명해요. 뭔가 우리나라의 매운 음식과는 다른 느낌의 매운 음식이었어요. 후난성의 성도인 창사에 가서 우리 역사의 흔적을 찾아보았어요.

대한민국 임시정부 구지

여러분 후난성 창사에도 우리나라 임시정부가 있었다는 것을 아나요?

선생님은 이곳에서 임시정부를 찾아봤어요. 그 건물이 잘 남아 있는 모습에 선생님은 정말 감동하였답니다.

임시정부에 들어가서 보니 폭격 당시 숨을 방공호도 있고 실제 요원들이 살았던 모습과 회의했던 장소도 볼 수 있었어

대한민국 임시정부 구지

창사 임시정부 건물과 입구

방공호와 복원된 집무실

요. 5분 정도의 영상으로 자세히 임시정부의 활동과 이곳에서 어떤 일들이 있었는지 설명도 들을 수 있지요.

또한, 대한민국임시정부가 창사에서 펼친 다양한 활동들도 정리되어 있었어요. 한국말 방송과 김구 담화문 발표 그리고 3.1운동 19주년 기념 대회 등 다양한 활동을 했던 것이 남아 있지요. 그리고 장제스, 장즈중 등 중국 지도자들의 도움을 받은 내용도 한편에 있는데 중국인 친구들과 함께 방문해서 그런지 더욱 고맙고 의미가 컸어요.

남목청 사건

이곳 창사 임시정부청사는 중국어로 '김구활동구지(金九活動久址)'라고 쓰여 있었어요. 김구 선생님이 주로 활동을 하셨으며 그 과정에서 일어난 남목청 사건이 발생했던 장소이기 때문인 것 같아요. 남목청 사건에 대한 설명도 안에 자세히 쓰여 있었어요.

'남목청 사건'이란 대한민국 임시정부의 김구 주석이 남목청에 있었을 당시, 3당 통합회의 도중 피격당한 사건이에요. 조선인 청년이 김구, 현익철, 유동열, 지청천 등에게 총을 쏘았어요. 생명이 위태로울 정도로 중상을 입었지만 후난성 정부의 도움으로 근처 상아의원에서 치료를 받고 김구 선생님은 살아날 수 있었어요. 당시 중국 국민당의 총재인 장제스의 걱정어린 친서와 도움의 기록도 볼 수 있었어요. 상아의원도 창사에

창사 시기 임시정부 내부 모습

지금까지 남아 있답니다.

　창사에서 찾은 우리 역사의 흔적에서는 한국과 중국의 우의를 엿볼 수 있는 것들이 많았던 것 같아요. 그래서 선생님은 중국인 친구들과 함께 이곳을 찾은 것이 더욱 감회가 새로웠답니다. 여러분도 전 세계의 많은 친구를 사귀며 곳곳에서 우리 뿌리를 함께 찾아보고 서로 배워 보길 바랍니다.

적산법화원(장보고기념관)

적산법화원은 웨이하이(威海)에서 남동쪽으로 1시간 반 거리에 있는

해상왕 장보고에 의해 세워진 사찰이에요. 우리가 알고 있는 장보고(780

적산법화원 안내

적산법화원 해신상

년대 후반 출생 추정, 사망 841년 혹은 846년)는 남북국시대 통일신라의 무장이자 해상 호족이에요. 일찍부터 친구 정년과 함께 당나라의 서주(중국 강소성의 도시)라는 곳으로 건너가 승마와 창술에 특출난 재주를 보이며 군인으로서 '무령군 중소장'이라는 직책을 받게 되었어요.

흥덕왕 3년(828년) 초에 신라로 돌아온 그는 신라인들이 해적들에게 납치되어 노예로 팔리고 있는 상황을 왕에게 전하며, 완도에 군사 거점을 세울 것을 요청했어요. 결국, 승인을 얻어 1만여 명의 군대를 확보해 완도에 청해진을 세웠어요. 신라인들이 많이 이주한 산둥성 문등현 적산촌에 신라인들이 법화원을 건립하려 하자 이를 적극적으로 지원했는데, 그곳이 바로 웨이하이의 적산법화원이에요.

또한, 해적들을 통해서 팔린 신라인 출신 노예들을 사들이거나 주인에

게서 되돌려받아 풀어주었답니다. 석방된 사람들은 신라 출신 이민자들이 건너간 산동 주변으로 옮겨갈 수 있었어요.

장보고의 지원으로 법화원에는 30명 이상의 승려가 상주하게 되었고, 1년 수확량이 500섬이나 되는 토지를 소유할 수 있었어요. 법화원은 인근에 거주하는 신라인의 정신적인 중심지로 성장했고, 법회를 열 때 200~400명까지 인파가 몰렸답니다. 골품제와 같은 기존의 신분제에 구애되지 않고 유능한 인재들을 널리 받아들였고, 실력에 따라 대우하여 그들의 능력을 적극적으로 발휘할 수 있게 해 주었어요.

적산법화원은 일본 천태종의 효시인 엔닌(圓仁) 대사가 쓴 『입당구법순례행기』를 토대로 건립되었어요. 순례행기에는 적산촌에 있는 적산법화원이 장보고가 처음으로 세운 것이라고 소개하고 있어요. 또한, 당나

적산법화원에서 내려다보이는 바다

라 때 신라인 장보고가 창립을 기념하여 신라, 당나라, 일본의 승려들을 모아 놓고 법화경을 읽었다는 기록이 나와요. 엔닌 대사는 일기에 장보고가 건립한 법화원의 행사 모습과 규모 등을 상세히 담았고, 귀국 후에 교토에 적산선원을 세우기도 했어요.

1988년 중국 정부는 한중 양국의 우정을 기념하기 위해 적산법화원의 복원 공사를 시작해 1990년 5월 개관했어요. 1994년 7월 25일에는 대한민국의 김영삼 전 대

장보고 기념관 안에 있는 장보고 동상

통령이 장보고 기념탑에 친필로 "장보고 기념탑"이라는 글을 남기기도 했어요. 인천 차이나타운에서 시작된 짜장면이 인근 중국의 산둥 지방에서 온 화교들에 의해 만들어졌다고 하는데, 어찌 보면 그들이 우리 신라인의 뿌리가 되었을 수도 있겠다는 생각이 들었답니다.

적산은 산에 있는 커다란 돌들이 붉은색처럼 보여서 붙여진 이름이에요. 적산법화원에 있는 커다란 해신상을 본 후 바로 아래로 내려오면 우리가 알고 있는 장보고 기념관이 있어요. 장보고 기념관 안으로 들어가면 커다란 장보고 동상이 우리를 반겨주고 있었어요.

장보고는 신라 사람인데 어떻게 이 먼 곳에 해상왕 장보고에 대한 전기와 그 당시 유물들이 전시되어 있을까 생각하면 정말 신기해요. 장보고는 어린 시절 당나라에서 벼슬을 했다가 본국인 신라로 돌아온 사람이기 때문에 당나라에서도 인정받는 사람이랍니다.

장보고 기념관에는 한국어로 된 설명들이 많아서 한국인 관광객들이 관람하기에도 좋아요. 장보고와 관련된 한국의 흔적들과 더불어 드라마 '해신'에 대한 소개도 있어요.

청더(열하)

청더(承德)는 중국 허베이성에 있는 도시로, 베이징시의 북동쪽에 자리하고 있어요. 청더는 청나라 이전에는 거란, 선비, 오환 등 주로 북방의 민족들이 차지하던 지역이었으나, 청나라 시대에는 여름 별궁이자 변경의 소수민족을 견제하고 군사기지의 역할을 할 피서산장으로 제격이었어요.

대규모의 병사를 이끌고 온 청나라 황제들은 여름부터 가을까지 피서산장에 머물면서 정무를 처리하고, 사냥과 군사훈련에 집중했어요. 나머지 기간에는 베이징의 자금성인 베이징 고궁에서 지냈답니다.

피서산장은 단순히 청나라 황제들이 피서를 즐기기 위한 목적으로만 지어진 것은 아니에요. 중국에 있던 나라 중에 가장 큰 영토를 가지게 된 청나라는 중원의 한족 외에도 북방의 몽고, 서남부의 티베트 등 다양한

(위) 피서산장 박물관, (아래) 피서산장 궁전구 건물

민족을 지배하는 제국이 되었어요.

　여러 민족과의 관계를 유지하고, 그들의 위협을 막기 위해 피서산장 주변에는 한족 양식이 아닌 티베트 양식의 사원들인 '외팔묘'를 세웠으며, 청나라 황제는 유목 민족의 대표들을 청더로 초대해 연회를 베풀기도 했어요. 청나라 시대에 지어진 청더의 문화유산들은 이전 왕조인 한

(위) 피서산장 호수구, (아래) 피서산장 산악구

족이 세운 명나라보다 훨씬 더 많은 민족을 다스리게 된 다민족 제국인 청나라가 만들어 낸 '이중 지배체제의 유산'이라고 할 수 있겠어요.

피서산장은 크게 황제가 머물고 근무를 하던 궁전구와 명승지와 자연을 테마로 꾸민 원경구로 나눌 수 있어요. 원경구는 다시 세 구역으로 나뉘는데, 중국 강남 풍경에 반한 황제가 강남의 호수 모양을 따라 만든 크고 작은 8개의 인공 호수가 있는 호수구, 초원지대의 평원구, 피서산장 면적의 80%를 차지하는 산림 지역인 산악구로 나누어져 있어요.

피서산장에는 한국어로 된 안내판이 많이 있어요. 그동안 박지원의 『열하일기』(1780년 건륭제의 70세 생일을 축하하는 사절로 청나라에 다녀온 일을 적은 여행기)의 흔적을 따라 이곳을 찾았던 한국인 관광객이 많았다는 것을 알 수 있는 모습이에요. 피서산장 입구부터 시작해서 나오는 궁전구는 생각보다 큰 규모는 아니에요. 베이징 자금성에 비교해 피서산장에서는 최소한의 근무 및 기거 공간을 둔 모습이에요.

특히 강남 풍경에 반한 황제가 강남의 호수 모양을 따라 만든 크고 작은 8개의 인공 호수가 있는 호수구에는 배를 타고 호수 안을 오가는 사람들이 꽤 많아요. 호수구에는 열하천(熱河泉)이라는 곳이 있는데, '열하'는 온천에서 유래된 말로 청더의 옛 이름인 '열하'가 바로 여기서 유래되었다고 해요. 이곳은 겨울에도 얼지 않고 따뜻한 수온이 유지된다고 합니다.

산악구는 피서산장 면적의 80%를 차지하고 있어요. 가장 높은 곳과 낮은 곳의 차이가 180m에 달할 정도고, 중국 동북의 명산들을 모방해서 꾸몄다고 해요. 아무리 황제라 하지만 피서산장으로 지었을 뿐인데, 큰 나라에 있는 이들의 규모와 이러한 건축물을 축조하는 사고방식에 놀라움을 금할 수 없어요.

묘족 마을

여러분은 중국인을 떠올리면 어떤 생각이 나나요? 우리가 보통 생각

하는 중국인의 모습이 있을 수 있지만, 사실 중국에는 매우 다양한 민족

묘족

들이 살고 있어요. 선생님도 중국에 와서 살기 전에는 와닿지 않았었는데, 중국에 살면서 또 다양한 지역으로 여행을 가면서 여러 민족이 있다는 것을 피부로 느낄 수 있었어요.

중국은 56개의 민족으로 이루어져 있어요. 이 중 한족이 차지하는 비율이 가장 높지요. 구이저우에서 묘족이라는 소수민족의 고장을 찾아갔어요. 이곳에 간 이유는 『제시의 일기』에 묘족 마을에 대한 부분이 나왔기 때문이에요.

묘족 마을의 모습은 어떤 모습일까요? 묘족은 중국 내 소수민족 중 네번째로 많은 비중을 차지하고 있고, 화려한 은장신구를 착용하는 특징이

1939년 4월 26일, 수요일, 귀양

······ 오지 중의 오지요. 더욱이 산중에 있는 도시라 건물은 하나도 보잘것없다. ······ 본래 이 지방 원주민은 북미주의 토종과 유사한 '묘족'들이다. 묘족은 '산묘'와 '숙묘'로 나뉘어 있는데 '산묘'는 아직 산속에서 살며 자기네 방언을 하고, 의복은 피륙을 몸에 휘감고 다니며 약초를 캐 가지고 '성시'로 나와 ······ 산속에서 만나는 원주민 묘족에게 식사를 부탁해서 먹었었다.

– 『제시의 일기』 중

묘족 마을

있는 민족이에요.

　묘족 마을을 찾아 묘족들의 삶을 보며 이곳에 임시정부 가족들이 있었을 모습을 생각해 보았어요. 2022년에도 묘족 마을까지 들어가려면 기차, 버스 그리고 또 거기서도 버스를 타고 굽이굽이 가야 하는 이 오지에 왔다고 생각하니 얼마나 힘든 피난길이었을지 생각해 봅니다. 이 마을에 뚜렷하게 우리 역사의 흔적이 있는 것은 아니지만, 스쳐 지나가야 했던 당시를 그려 보았어요.